Charles A. Crenshaw

zusammen mit
Jens Hansen und J. Gary Shaw

JFK – Verschwörung des Schweigens

Neue Enthüllungen über den Tod
John F. Kennedys

Deutsche Erstausgabe

WILHELM HEYNE VERLAG
MÜNCHEN

HEYNE SACHBUCH
Nr. 19/231

Titel der Originalausgabe:
JFK – Conspiracy of Silence

Aus dem Amerikanischen übertragen
von Monika Paul und Alessandro Ricciarelli
Redaktion: Monika Hofko

2. Auflage

ISBN 3-453-06267-1

Inhalt

Allen Ärzten und Angehörigen
des medizinischen Personals des Parkland Hospital
und Dr. G. Tom Shires, dem »Häuptling«.

Warum dieses Buch geschrieben wurde

Ich erzählte meinem Freund, dem Schriftsteller Jens Hansen, daß ich den Bericht der Warren-Kommission für ein Märchen hielte, für eine Beleidigung der Intelligenz des amerikanischen Volkes, und er fragte mich, ob ich jemals erwogen hätte, ein Buch zu diesem Thema zu verfassen. So erklärte ich ihm, daß wir Ärzte, die wir Präsident Kennedy behandelt hatten, übereingekommen waren, niemals zu veröffentlichen, was wir gesehen, gehört und empfunden hatten.

Jens Hansen sah mich an und sagte: »Ich weiß, du hast das schon millionenmal gehört, und vielleicht klingt es aufgeblasen, aber das amerikanische Volk hat ein Recht darauf, genau darüber informiert zu werden, was sich im Not-OP 1 abgespielt hat und was du gesehen hast. Wichtiger noch, die Amerikaner haben das Recht zu erfahren, daß ihre Regierung ausgewechselt wurde und daß der Lauf der Geschichte im Jahre 1963 eine dramatische Wendung bekam durch eine Verschwörung, deren Ziel es war, den Präsidenten der Vereinigten Staaten zu ermorden.«

Vorwort

Die überwältigende Mehrheit der Bücher über das Attentat auf John F. Kennedy wurde von Leuten geschrieben, die das Verbrechen nicht unmittelbar miterlebt haben. Dr. Charles Crenshaw ist einer der wenigen, die direkt in die tragischen Geschehnisse zwischen dem 22. und 24. November 1963 verwickelt waren, und es war das Schicksal des damals dreißigjährigen Chirurgen, im Parkland Hospital in Dallas bei dem Versuch zu assistieren, den lebensgefährlich verwundeten Präsidenten und den vermeintlichen Attentäter zu retten. Dr. Crenshaws Buch ist somit einzigartig, denn die Ermordung Kennedys wird geschildert von einem, der das Geschehen hautnah miterlebt hat, und dieses Buch vermittelt uns einen völlig neuen Einblick in das »Verbrechen des Jahrhunderts«.

Andere Autoren sind davon ausgegangen, daß eine oder zwei Kugeln auf den Präsidenten abgefeuert wurden; die Warren-Kommission dagegen behauptete, Kennedy sei zweimal von hinten getroffen worden. Dr. Crenshaw, einer der Chirurgen, die den verwundeten Präsidenten behandelten, hat jedoch mit eigenen Augen gesehen, daß Kennedy zweimal von vorn getroffen worden war: einmal in den Hals und einmal in die rechte Kopfseite. Das bedeutet natürlich, daß nicht Oswald allein der Schütze gewesen sein kann. Schon diese Beobachtung eines unmittelbar Beteiligten wäre ausreichend, Dr. Crenshaws Buch entscheidende Bedeutung zu verleihen; doch das ist bei weitem nicht die einzige Enthüllung in *JFK: Verschwörung des Schweigens.*

Während Dr. Crenshaw um das Leben von John F. Kennedy und Lee Harvey Oswald kämpfte, spielten sich in den OPs, in denen er arbeitete, einige höchst beunruhigende Dinge ab. Im Not-OP 1 beobachtete er einen Agenten des Secret Service, der mit einer schußbereiten Pistole in der

Hand im Raum auf und ab ging und dabei laute Verwünschungen ausstieß oder leise murmelnd zu sich selbst sprach, und als Dr. Crenshaw und seine Kollegen zwei Tage später versuchten, Oswalds Leben zu retten, war mysteriöserweise wieder eine bewaffnete Person im OP, doch die beiden Vorfälle erscheinen eher unbedeutend, verglichen mit dem Anruf, den Dr. Crenshaw erhielt, während er Oswald behandelte.

Er wurde ins Büro des Krankenhausdirektors ans Telefon gerufen, nahm den Hörer ab und stellte zu seinem Erstaunen fest, daß der Anrufer niemand anderer war als der soeben vereidigte neue Präsident der Vereinigten Staaten, Lyndon B. Johnson. Johnson teilte Dr. Crenshaw barsch mit, daß er ein Geständnis Oswalds vom Sterbebett wünsche und daß sich im OP jemand aufhalte, der dieses Geständnis aufnehmen werde. Der Doktor versicherte dem Präsidenten, er werde tun, was in seiner Macht stehe, doch als er zu seinem Patienten zurückkehrte, sah er sofort, daß er Oswald nicht würde retten können. Der mysteriöse Mann mit der Pistole hielt sich in der Nähe auf und wartete darauf, das Geständnis aufzunehmen, doch Dr. Crenshaw sagte ihm, daß Oswald im Sterben liege und kein Geständnis mehr ablegen könne. Daraufhin verschwand der seltsame Unbekannte.

Was sollen wir von dieser merkwürdigen Episode halten? War Lyndon Johnson einer der Drahtzieher in einer Verschwörung zur Ermordung Präsident Kennedys? Versuchte Johnson ein Geständnis von Oswalds Alleinschuld zu bekommen, um die offiziell verlautbarte Version vom Attentat eines verrückten Einzeltäters zu stützen? Versuchte Johnson bereits, seinen Kopf aus der Schlinge zu ziehen?

Diese Gedanken gingen dem jungen Chirurgen durch den Kopf, nachdem Oswald offiziell für tot erklärt worden war und er den OP verließ.

Ich glaube nicht, daß die vorhandenen Beweise auf eine

Beteiligung Johnsons an der Verschwörung zur Ermordung des Präsidenten hindeuten – obwohl Kennedys Tod ihm eine Menge Vorteile verschaffte –, doch ich glaube, daß Johnson sich nachträglich der Strafvereitelung schuldig machte, daß er sich bewußt an der Vertuschungsaktion der Regierung nach dem Tod des Präsidenten beteiligte.

Es gilt gemeinhin als Tatsache, daß J. Edgar Hoover, ein guter Freund Johnsons und Direktor des FBI, nach der Ermordung Kennedys die Verantwortlichen deckte, und es gibt unwiderlegbare Beweise dafür, daß Hoover der Warren-Kommission wichtiges Beweismaterial vorenthalten hat – Beweismaterial, das Hoovers hastige Fixierung auf Oswald als alleinigen Täter widerlegt hätte.

Hoover und Johnson standen sich sehr nahe, und beide sahen in Präsident Kennedy eine Bedrohung. Hoover wußte, daß Kennedy ihn nach seiner erwarteten Wiederwahl bei den Präsidentschaftswahlen 1964 zwingen würde, als Chef des FBI zurückzutreten. Johnson wiederum befürchtete, daß Kennedy ihn nicht mehr als Vize bei den Wahlen 1964 kandidieren lassen würde. Für beide Männer bedeutete die Ermordung Kennedys die Lösung ihrer drängendsten Probleme, und am 8. Mai 1964 unterzeichnete ein fest im Sattel sitzender Präsident Johnson die Aufhebung des zwangsweisen Ausscheidens Hoovers im Alter von fünfundsechzig Jahren und bat ihn, als Direktor des FBI im Amt zu bleiben.

Hoover und Johnson fühlten sich nach dem Attentat verfolgt – von Kennedys Geist. Angenommen, es gab eine Verschwörung zur Ermordung des Präsidenten. Warum hatte sie Hoover dann nicht entdeckt – als Chef der größten nationalen Detektivorganisation? Oder, wenn er doch davon wußte, was heute anzunehmen ist, warum hat er es dann dem Secret Service und Kennedys Brüdern vorenthalten? Für Johnson ging es nach all den Gerüchten über Fidel Castro und den KGB als mutmaßliche Drahtzieher des Attentats um Krieg oder Frieden, falls Oswald als Mitverschwörer überführt werden sollte, denn schließlich hatte Oswald im Sommer 1963 in New Orleans für Castro demonstriert und sich angeblich im Oktober 1963 in Mexico City mit einem KGB-Agenten getroffen. Nach seiner Reaktion auf das Attentat zu urteilen, war Johnson ängstlich darauf bedacht, sämtliche Gerüchte vom Tisch zu fegen, die auf eine wie auch immer geartete Verschwörung hindeuteten. Oswald als irrer Einzeltäter war für Johnson die politisch angenehmste Erklärung des Verbrechens.

Sowohl Hoover als auch Johnson wären also in ernste Schwierigkeiten gekommen, falls Oswald nur Handlanger einer großangelegten Verschwörung war, und so war ihre Antwort auf diese Bedrohung, alle Hinweise auf eine mögliche Verschwörung zu vertuschen. Johnson rief also im Parkland Hospital den Chirurgen an, der versuchte, Oswalds Leben zu retten, und wies ihn an, von dem Sterbenden ein Geständnis seiner Alleinschuld zu erlangen; später stellte er eine Kommission unter dem Vorsitz des obersten Richters Earl Warren zusammen, deren Mitglieder sich ausnahmslos vor der Aufdeckung einer Verschwörung fürchteten und daher kein besonderes Interesse an der Aufklärung zeigten.

Selbst wenn wir annehmen, daß Hoover und Johnson nicht direkt an der Verschwörung beteiligt waren, sondern lediglich dabei mithalfen, die Wahrheit über den Mord an Kennedy zu vertuschen, bleibt ein quälendes Geheimnis in dem von Dr. Crenshaw geschilderten Szenario im Parkland Hospital: Wer war jener bewaffnete Fremde im OP, der offensichtlich Oswalds Geständnis auf dem Sterbebett mit Waffengewalt erzwingen wollte? Ein FBI-Agent? Und wer schickte ihn ins Krankenhaus? Hoover? Johnson? Oder jemand anderer?

Ist die Enthüllung Crenshaws, Johnson habe ihn im Parkland Hospital angerufen, während Oswald im Sterben lag, glaubwürdig? Ich denke, ja. Dr. Crenshaw, mit neunundfünfzig Jahren immer noch Leiter der chirurgischen Abteilung des John Peter Smith Hospital (eines der Krankenhäuser der Southwestern Medical School) in Fort Worth, Texas, ist ein Mann von tadellosem Ruf. Darüber hinaus gilt sein Co-Autor Gary Shaw, der den Fall seit siebenundzwanzig Jahren untersucht, als ein Mann, der gewissenhaft nachforscht und vorsichtig urteilt. Ich kenne Gary Shaw und glaube nicht, daß er sich an einem Buch über die Ermordung beteiligen würde, das nicht auf soliden Beweisen und glaubwürdigen Zeugenaussagen basiert.

Aber warum hat Dr. Crenshaw der Warren-Kommission nicht während der Untersuchung 1964 mitgeteilt, was er in den Operationsräumen gesehen hatte? Warum hat er all die Jahre geschwiegen?

Dr. Crenshaw sagt, er habe geschwiegen, um seine Karriere als Arzt nicht zu gefährden. Unmittelbar nach dem Tod des Präsidenten hatte Dr. Charles Baxter, der Direktor der Notaufnahme, Geheimhaltung angeordnet. Keiner der bei Kennedys Tod Anwesenden sollte darüber sprechen, was sich im Not-OP 1 abgespielt hatte, und außerdem durfte ein gewissenhafter Arzt nichts über die ihm anvertrauten Patienten publik machen. Hätte Dr. Crenshaw schon 1964 vor der Warren-Kommission ausgepackt, das Resultat hätte seine Entlassung bedeuten können, und er wäre ein Paria, ein Ausgestoßener in der medizinischen Welt geworden. Mit anderen Worten, es hätte seine Karriere als Mediziner ruinieren können.

So wurden Dr. Crenshaw und die anderen Ärzte, die John F. Kennedy und Lee Harvey Oswald behandelten, Mitglieder einer Verschwörung, einer »Verschwörung des Schweigens«, wie es Dr. Crenshaw ausdrückt, weil sie ihre Kenntnisse über die näheren Umstände des Todes von John F. Kennedy und Lee Harvey Oswald geheimhielten.

Nun hat Dr. Crenshaw das Schweigen gebrochen, und wir sollten ihm dafür dankbar sein.

Am 2. Februar 1992 schrieb Stephen E. Ambrose in einer Besprechung von Büchern über die Ermordung Kennedys in der »New York Times Book Review«, daß die Frage nach dem oder den Mördern Kennedys »die Frage Nummer eins der amerikanischen Nation über ihre Vergangenheit« geworden sei. Wir sollten Dr. Crenshaw für seinen Beitrag zur Beantwortung dieser so immens wichtigen Frage beglückwünschen.

John H. Davis

Einleitung

Mein Name ist Charles A. Crenshaw, und ich bin seit dreißig Jahren Chirurg. Im Laufe meiner Karriere habe ich Tausende von Tragbahren gesehen, die sich polternd ihren Weg in die Notaufnahme bahnten, mit jungen und alten Menschen, Reichen und Armen, Gebrochenen und Sterbenden.

In jeder Notaufnahme habe ich Unglücksopfer gesehen, deren Leben plötzlich zerstört wurde. Grauen, Angst, Schock, Wut und Ungläubigkeit sind nur einige der Emotionen von Unfallopfern und ihren Familien, und mein Beruf ist es, diesen Menschen zu helfen.

Die meisten Menschen denken nicht daran, daß sie sich lebensgefährlich verletzen könnten, vor allem die Jungen und Reichen nicht, solange es ihnen gutgeht und alles so läuft, wie sie es sich wünschen. Dabei kommen die meisten jungen Leute in Amerika auf diese grausame Weise um. Wir alle kommen täglich unzählige Male in Situationen, in denen wir uns ernsthaft verletzen könnten, sei es bei einem Autounfall, einem Sturz auf dem Eis, beim Sport, einer Messerstecherei oder einer Schießerei. Es kann jeden jederzeit erwischen, unabhängig von Alter, Hautfarbe, Geschlecht, Beruf oder Status. Mit den Jahren haben sich die Gesichter all meiner Patienten zu einem undeutlichen Antlitz voll Schmerz, Angst und Tod vermengt. Nach all den Jahren kommen mir alle meine Patienten wie ein einziger vor, bis auf zwei: John Fitzgerald Kennedy und Lee Harvey Oswald.

Die Ermordung Präsident Kennedys, die Verwundung des Gouverneurs Connally und der Mord an Lee Harvey Oswald waren vom medizinischen Standpunkt aus gesehen klassische Fälle von Schwerstverletzungen, genauer gesagt hämorrhagem Schock durch übermäßige Blutungen.

Gerade noch fuhren der Präsident und der Gouverneur an einem wunderschönen Tag in einer Autokolonne durch die Innenstadt von Dallas und winkten fröhlich den Menschen zu. Und nur Minuten später kommen sie mit lebensgefährlichen Verletzungen ins Parkland Hospital und ringen um ihr Leben. Es geschah plötzlich und unerwartet und veränderte ihr Leben. Was Oswald anbelangt, so glaubte er sich in sicherer Verwahrung auf dem Polizeipräsidium von Dallas; doch plötzlich fühlte er einen stechenden Schmerz im Unterleib; das amerikanische Volk hatte zum erstenmal einen Mord live im Fernsehen miterlebt.

Die Kugeln, die durch ihren Körper drangen, verursachten erhebliche Verletzungen. Präsident Kennedys gesamte rechte Hirnhälfte war weggerissen, fast jedes Organ in Oswalds Unterleib war zerfetzt, und Gouverneur Connally starb beinahe an dem Geschoß, das ihm durch die Brust, den Arm und das Bein gedrungen war.

Verletzungen können sowohl physische als auch psychische Folgen haben, und die können lähmend und dauerhaft sein. Die Familien der Mordopfer, die Bürger von Dallas, das medizinische Personal des Parkland Hospital und all jene, die sich erinnern, sie alle spüren heute noch den Schock und die Erschütterung nach dem Kugelhagel an jenem Herbsttag im Jahre 1963, der doch nur wenige Sekunden andauerte.

Die Erfahrung, den lebensgefährlich verletzten Präsidenten zu behandeln und anschließend den angeblichen Attentäter zu operieren, läßt alle anderen Ereignisse meines Lebens völlig bedeutungslos erscheinen. Ich hätte jeden für verrückt erklärt, der mir vorhergesagt hätte, daß ich an jenem schicksalhaften Tag im November des Jahres 1963 als Mitglied des Chirurgenteams des Parkland Hospital in Texas die erschütterndsten Augenblicke meines ganzen Lebens durchmachen würde. Der fieberhafte Kampf um den letzten Funken Leben im sterbenden Körper von Präsident Kennedy war ironischerweise nur der Anfang eines nervenaufreibenden Wochenendes, das mich zuletzt mit einem Grad an Geheimhaltung vertraut machte, den man nur selten kennenlernt, und diese Geheimhaltung mußte ich üben, um meine Karriere als Arzt und möglicherweise mein Leben zu retten.

Die Southwestern Medical School, das Parkland Hospital und die Regierung machten uns unmißverständlich klar, daß sie keinerlei Interesse daran hatten, daß irgend etwas von dem, was wir an diesem Novemberwochenende gesehen, gehört und gefühlt hatten, an die Öffentlichkeit drang. Während des gesamten Zeitraums, von dem Moment an, wo der Präsident in die Notaufnahme gebracht wurde, bis zu den erst kürzlich beendeten Dreharbeiten zu Oliver Stones Film »JFK«, haben es die beim Tod Kennedys anwesenden Ärzte für notwendig erachtet, die Verschwörung des Schweigens einzuhalten. Und erst kürzlich hat die Southwestern Medical School ihren Ärzten einen Maulkorb verpaßt: Niemand durfte mit Oliver Stone über den Zustand des Präsidenten bei seiner Ankunft in Parkland sprechen. Obwohl Kennedy bereits klinisch tot war, als man ihn aus dem Wagen zog, werden die Southwestern Medical School und das Parkland Hospital, die zusammenarbeiten, immer in Verteidigungsposition sein, weil sie den wichtigsten Patienten verloren, den sie jemals hatten.

In all den Jahren hat es unzählige Augenblicke gegeben, in denen ich es der Welt ins Gesicht schreien wollte, daß Präsident Kennedys Wunden von Kugeln stammten, die von vorn auf ihn abgefeuert wurden, nicht von hinten, wie man es der Öffentlichkeit weisgemacht hat. Mehr als einmal habe ich unwillkürlich zum Telefonhörer gegriffen, um eine Fernsehstation anzurufen und die Wahrheit zu erzählen, wenn ich mir wieder einmal anhören mußte, wie jemand im Brustton der Überzeugung behauptete, Oswald sei der alleinige Schütze gewesen und er habe aus dem sechsten Stock des Texas School Book Depository gefeuert – doch ich hielt mich jedesmal zurück, bis heute.

Ich habe seit 1963 Hunderte ähnlicher Schußwunden gesehen und behandelt und bin immer wieder in meiner Überzeugung bestätigt worden, daß die Rückschlüsse, die ich aus Kennedys Verletzungen gezogen habe, korrekt waren. Ich kenne mich aus bei Wunden, speziell bei Kopfwunden, und ich kann bis heute nicht verstehen, daß die Warren-Kommission nicht jeden einzelnen Doktor verhört hat, der in Präsident Kennedys OP anwesend war. Die Mitglieder der Kommission hörten immer nur das, was sie hören wollten oder was sie hören mußten, und sie erzählten der Öffentlichkeit nur, was sie erzählen wollten oder was sie erzählen mußten.

Hätte ich aussagen dürfen, hätte ich ihnen gesagt, daß es für mich keinen Zweifel daran gibt, daß die Kugel, die Präsident Kennedy tötete, von dem kleinen Grashügel her abgefeuert wurde. Ich hätte der Warren-Kommission auch von dem Telefonanruf erzählt, den ich von Lyndon B. Johnson erhielt, während ich Lee Harvey Oswald operierte. Dieser Zwischenfall entbehrte jeder Logik. Warum sich der Präsident persönlich in die Ermittlungen einschaltete, warum er sie nicht den texanischen Behörden überließ, war mir ein Rätsel.

Der ernsthafte Gedanke, ein Buch über das Thema zu verfassen, kam mir vor zwei Jahren das erstemal. Ich hielt mich beruflich in Fort Worth auf und besuchte meinen Freund Jens Hansen, einen Schriftsteller, der damals gerade sein erstes Buch fertigschrieb. Wir hatten schon öfter über das Attentat an Kennedy und die Ereignisse jenes Wochenendes gesprochen, doch diesmal ging die Diskussion weiter. Wir sprachen über die Langzeiteffekte seines Todes.

Ich sagte Jens Hansen, daß ich den Warren-Report für ein Märchen hielte, eine regelrechte Beleidigung der Intelligenz des amerikanischen Volkes. Ich fühlte mich als einer der wenigen Experten auf diesem Gebiet, denn ich hatte nahezu alle Bücher zu dem Thema gelesen und obendrein das Verbrechen hautnah miterlebt, und er fragte mich, ob ich jemals ernsthaft erwogen hätte, ein Buch zu dem Thema zu schreiben. So erklärte ich ihm, daß wir Ärzte, die wir Präsident Kennedy behandelt hatten, übereingekommen waren – sei es aus Respekt vor dem Toten oder aus Furcht vor den Konsequenzen –, nichts von dem zu veröffentlichen, was wir gesehen, gehört und empfunden hatten. Es war, als ob wir darüber erhaben wären, als ob unser Wissen heilig und eine Bekanntmachung ein Sakrileg, ein Frevel an unserem Beruf gewesen wäre. Bis zu einem gewissen Grad fürchteten wir uns auch vor der Kritik der Öffentlichkeit. Und wenn einer von uns geredet hätte, wären die anderen früher oder später mit hineingezogen worden, und die große Jagd nach dem Sündenbock hätte begonnen.

Jens Hansen sah mich an und sagte: »Ich weiß, daß du das schon millionenmal gehört hast, und vielleicht klingt es aufgeblasen, aber das amerikanische Volk hat ein Recht darauf, genau darüber informiert zu werden, was sich im Not-OP 1 abgespielt hat und was du gesehen hast. Wichtiger noch, die Amerikaner haben das Recht, zu erfahren, daß der Lauf der Geschichte im Jahre 1963 eine dramatische Wendung bekam durch eine Verschwörung, deren Ziel es war, den Präsidenten der Vereinigten Staaten zu ermorden.

Du hast an jenem Wochenende mehr gesehen und erfahren als irgend jemand sonst im Parkland Hospital, denn du warst direkt an allen wichtigen Ereignissen beteiligt. Wenn du nichts von dem, was du weißt, veröffentlichst, wenn du dein Wissen mit ins Grab nimmst, dann haben die Verbrecher, die uns und allen Amerikanern das angetan haben, um so weniger zu befürchten. Als Zeuge eines der bedeutsamsten Ereignisse in der Geschichte der Vereinigten Staaten hast du die Verantwortung und die Pflicht, dein Wissen publik zu machen.

Wenn du das tust, so gibt es wenigstens *einen,* der dabei

war und geholfen hat, die größte Lüge unserer Zeit aufzudecken. Das ist deine Chance, etwas wirklich Bedeutendes in deinem Leben zu tun, etwas, das schwerer wiegt als deine dreißig Jahre als Chirurg. Und das kann ich dir versprechen«, sagte er lächelnd, »irgendwann wird einer deiner Kollegen ausscheren und auspacken. Es ist sowieso unvermeidlich, also warum nicht du?«

»Du hast vielleicht recht«, erwiderte ich, »ich bin wirklich schon millionenmal dazu aufgefordert worden, aber bis jetzt noch nie so überzeugend. Ich denke darüber nach.«

Über ein Jahr lang gingen mir seine Worte nicht aus dem Kopf. Seit 1963 haben Leute versucht, mich zum Publizieren meines Wissens über den Tod von John F. Kennedy zu überreden, doch ich hatte es niemals ernsthaft in Erwägung gezogen.

Nacht für Nacht holte mich die Vergangenheit ein, und ich durchlebte erneut jenes Wochenende im Jahre 1963 in allen peinigenden Einzelheiten. Kaum eine Nacht verging, in der ich nicht schweißgebadet hochschrak und vergeblich versuchte, die grauenhaften Bilder zu verscheuchen, die sich mir immer deutlicher aufdrängten.

Eine Szene kehrte immer wieder. Wie in Zeitlupe ging ich an Jacqueline Kennedy, die von oben bis unten mit Blut bespritzt und einem Zusammenbruch nahe war, vorbei in den Not-OP 1. Als ich näher kam, sah ich, wie Dr. Jim Carrico und Dr. Malcolm Perry sich fieberhaft um Präsident Kennedy kümmerten. Ich sah jede Pore, jedes Haar, jede Falte am Körper des Präsidenten überdeutlich vor mir. Mit jedem Mal wurde die Erinnerung an die Halswunde des Präsidenten, die Blutblasen warf, und an die Gehirnteile, die aus seinem Schädel hingen, farbiger und plastischer. Wie er nach Atem rang und seine Herztöne schwächer wurden, quälte mich.

Das Geräusch der Blutstropfen, die in den Eimer unter der Bahre fielen, markierte die letzten Sekunden in Präsident Kennedys Leben, und wie aus weiter Ferne hörte ich die Stimmen von Dr. Charles Baxter und von Dr. Kemp Clark das Entsetzliche aussprechen. Wieder und wieder durchlebte ich jene schrecklichen Minuten in allen Einzelheiten, wie ich im Traum in die ernsten Gesichter von Dr. Malcolm Perry, Dr. Robert McClelland und Dr. Charles Baxter blickte und wir alle das Unvermeidliche akzeptierten; wie ich dann Jacqueline Kennedy umarmte, während Dr. Baxter ihr schonend erklärte, daß ihr Mann tot sei.

Ich durchlebte auch erneut die Einschüchterungstaktiken der Agenten des Secret Service. Die »Herren im Anzug«, wie wir sie untereinander nannten, verbreiteten Angst und Schrecken unter dem Personal des Parkland Hospital, da sie den toten Präsidenten weitaus entschlossener schützten als den lebendigen. Ich folgte den schwerbewaffneten Agenten, die mit unglaublicher Arroganz den Sarg des Präsidenten hinaustrugen, während Jacqueline Kennedy neben ihnen herging, eine Hand auf den Sarg gestützt.

Im Lauf der Monate las ich jede greifbare Publikation zu dem Thema, und meine Empörung über das Ausmaß der Lügen, die überall verbreitet wurden, wuchs. Zum erstenmal fragte ich mich, ob ich tatsächlich einen Vertrag mit den anderen Ärzten abgeschlossen hatte, meine Geschichte nicht zu veröffentlichen, denn ich hatte weder etwas geschworen noch unterschrieben. Ich hatte lediglich nicht widersprochen, als uns allen im Not-OP 1 unmittelbar nach Kennedys Tod von Dr. Charles Baxter, dem Professor der chirurgischen Abteilung und Direktor der Notaufnahme, absolute Geheimhaltung auferlegt wurde. Nichts zu sagen bedeutet jedoch nicht unbedingt Zustimmung.

Am 17. November 1990, an meinem Schreibtisch im Peter Smith Hospital sitzend, beschloß ich endlich, meine Geschichte zu erzählen, nachdem ich mir die erdrückenden Beweise und meine Erinnerungen noch einmal vor Augen geführt hatte. Mir wurde bewußt, daß mein Verlangen, die Wahrheit über jenes unheilvolle Wochenende im Jahre 1963 zu erzählen, eigentlich vom Zeitpunkt des Verbrechens an immer stärker geworden war. Ich wußte, ich mußte aussagen, schon allein deshalb, weil der von der großartigsten Verfassung getragene demokratische Prozeß von einer Handvoll Feiglingen auf die gemeinste und niederträchtigste Art umgangen worden war. Und diese Feiglinge waren durch mein Schweigen gedeckt worden. Die freie Wahl des amerikanischen Volkes wurde durch einen Schuß aus dem Hinterhalt zunichte gemacht. Das Lebenswerk von Männern wie James Madison, John Jay, Benjamin Franklin, das Opfer der Millionen, die die Verfassung verteidigten, all das wurde von ein paar armseligen Verbrechern zerstört.

Die Bemühungen der Regierung und bestimmter Repräsentanten der Medien, die Wahrheit über das Attentat zu unterdrücken und zu verzerren, sind in früheren Werken zu diesem Thema hinreichend dokumentiert. Die Palette reicht von Drohungen, Einschüchterungen, Fälschungen, Zerstörung von Beweismitteln bis zum Mord – auch ein Grund für mein Schweigen all die Jahre.

Ich bin jetzt neunundfünfzig Jahre alt. Meine medizinische Laufbahn ist zu Ende, und ich fürchte mich nicht, weder vor den »Herren im Anzug« noch vor der Kritik meiner Kollegen.

Einige Tage nach meiner Entscheidung lud ich Jens Hansen zu mir nach Hause ein, um ihm davon zu erzählen. Er kam, ließ den Wagen mit laufendem Motor in der Einfahrt meines Hauses in Fort Worth stehen und fragte mich, ob ich Zeit für einen Ausflug nach Dallas hätte. Fünfundfünfzig Minuten später waren wir im JFK Assassination Information Center im dritten Stock des West End Marketplace, nur drei Straßen vom Dallas School Book Depository im Zentrum von Dallas entfernt. Dort wartete ein Mann namens J. Gary Shaw auf uns. Ich fand schnell heraus, daß er einer der Top-Experten auf dem Gebiet des Kennedy-Attentats ist. Er hat siebenundzwanzig Jahre und ein kleines Vermögen in die Recherche aller Einzelheiten von Kennedys Tod gesteckt. Er hat, hauptsächlich durch persönliche Interviews, eine beträchtliche Menge Informationen gesammelt.

Nach einem Rundgang durch die Ausstellung führte uns Mr. Shaw in das Archiv des Kennedy-Informationszentrums und nahm einen festen, braunen Umschlag aus einem Aktenschrank. Er zog einige großformatige Fotografien heraus, drückte sie mir in die Hand und fragte: »Irgendeine Ähnlichkeit mit dem Körper, den Sie 1963 im Parkland Hospital in den Sarg legen geholfen haben?«

Ich konnte es nicht glauben. Es handelte sich um Bilder von der Autopsie der Leiche des Präsidenten, die im Bethesda Naval Hospital in Maryland vorgenommen worden war. Doch der Hinterkopf von Präsident Kennedy wies auf diesen Fotografien nicht die Wunde auf, die ich gesehen hatte. Die Bilder erzählten eine andere Geschichte, eine, die die Theorie vom einzelnen Schützen aus dem sechsten Stock des Dallas School Book Depository stützte. Ein Bild zeigte die Halswunde des Präsidenten, dort wo das Geschoß eingetreten war. Dr. Malcolm Perry hatte dort einen Einschnitt gemacht, um dem Präsidenten das Atmen zu erleichtern. Doch die Öffnung, die auf dem Bild zu sehen war, war größer und an den Seiten aufgerissen – völlig anders, als ich sie in Erinnerung hatte. Es gab keinen Zweifel – irgend jemand hatte die Fotografien oder die Leiche des Präsidenten manipuliert.

»Woher haben Sie diese Fotos?« fragte ich, während ich sie prüfte.

»Das möchte ich lieber nicht sagen, Dr. Crenshaw«, erwiderte Shaw.

Nachdem ich die Bilder noch einige Augenblicke studiert hatte, sagte ich: »Nein, das sind nicht dieselben Wunden, die ich im Parkland Hospital gesehen habe. Diese Bilder deuten darauf hin, daß jemand einen chirurgischen Eingriff an dem Körper des Präsidenten vorgenommen hat, und zwar nachdem die Leiche das Parkland Hospital verlassen hat.«

»Doktor«, sagte Hansen, »Gary ist im Besitz von Fakten, die Ihre Vermutung stützen, daß es mehr als einen Schützen gegeben hat und daß Kennedy von drei Kugeln getroffen wurde, von denen ihn zwei von vorne getroffen haben. Für den Fall, daß Sie Interesse haben, hat er sich bereit erklärt, uns einige entscheidende Informationen zu geben. Er hat Jahre darauf gewartet, mit einem der Ärzte des Not-OP 1 zusammenzuarbeiten. Er glaubt, daß das fehlende Glied in der Beweiskette zur Aufdeckung einer Verschwörung die medizinische Seite des Attentats ist.«

»Das ist noch nicht alles«, sagte Shaw und legte die Fotografien in den Aktenschrank zurück. »Den Berichten zufolge haben Sie Kennedy in ein weißes Tuch gewickelt und in einen Bronzesarg gelegt. Es gibt jedoch Zeugen, die bereit sind auszusagen, daß Kennedys Körper bei seiner Ankunft im Bethesda Hospital in einem grauen Postsarg gelegen hat und daß er nicht in ein weißes Tuch gehüllt war, sondern in einem Leichensack steckte, wie man sie in Vietnam verwendet hat.«

»Das habe ich auch erfahren«, sagte ich, »obendrein haben Commander J.J. Humes und seine Assistenten an die zwanzig entscheidende Fehler bei der postmortalen Untersuchung gemacht. Keiner von ihnen kannte sich in forensischer Pathologie aus oder hatte Erfahrung mit Schußwunden. Hätte Earl Rose, der Pathologe des Parkland Hospital, die Autopsie vornehmen dürfen und die Ergebnisse der Warren-Kommission vorgelegt, wäre meiner Ansicht nach die Schlußfolgerung dieses Berichts eine völlig andere gewesen. Und die Aufnahmen von Präsident Kennedy hätten die wahre Natur seiner Wunden gezeigt. Natürlich war das der Grund dafür, daß die ›Herren im Anzug‹ – ich meine Agenten des Secret Service – die Leiche des Präsidenten unter Waffengewalt aus Parkland herausgebracht haben. Sie hatten ihre Befehle – Befehle einer hochgestellten Persönlichkeit in unserer eigenen Regierung, die keinerlei Interesse an der Aufdeckung der Wahrheit hatte.«

Nach diesem Treffen vereinbarten Hansen, Shaw und ich, ein Buch zu schreiben, welches dem Leser einerseits die Emotionen jener Tage und andererseits Tatsachen übermitteln sollte, die meine Erfahrungen exakt wiedergeben. Die Schreibarbeit ging rasch vonstatten, und allmählich verwandelte sich meine Furcht in Wut. Ich merkte schnell, daß diese Arbeit eine zutiefst reinigende Wirkung hatte, indem sie eine lebenslange Frustration abbaute. Auch wurde mir bewußt, daß meine Geschichte ein weiterer Teil in einem geheimnisvollen Puzzle ist und wir die großen Zusammenhänge immer im Auge behalten sollten.

Also fragten wir Gary Shaw, ob er unser Unternehmen unterstützen und Ergebnisse seiner jahrelangen Forschungsarbeit beisteuern wolle. Wir hoffen, daß meine Beobachtungen als Mensch und Mediziner ihren Teil dazu beitragen, den Schleier der Verfälschung, der über dem Geheimnis liegt, etwas durchsichtiger zu machen – und die Theorie vom verrückten Einzeltäter als das zu entlarven, was sie ist: eine unverschämte Lüge. Wir wollen darüber hinaus mit diesem Buch beweisen, daß der Report der Warren-Kommission ein verfälschtes und irreführendes Dokument ist.

Die Vertuschung der wahren Hintergründe dieses Alptraums stellt eine Beleidigung für alle denkenden Amerikaner dar. Mit der Enthüllung dessen, was ich in jenen drei Tagen im November des Jahres 1963 als behandelnder Arzt im Parkland Hospital gesehen habe, hoffen wir, das Attentat auf Präsident Kennedy in einem neuen Licht erscheinen zu lassen und das ganze erschreckende Ausmaß der anschließenden Vertuschungsaktion ans Tageslicht zu bringen.

Die Arbeit an diesem Buch war für uns drei von Anfang

an von Liebe und Stolz geprägt. Ich war maßlos erstaunt, wie genau ich mir all jene Einzelheiten, all jene Empfindungen ins Gedächtnis zurückrufen konnte, die ich so lange verdrängt hatte. Erneut durchlebte ich meine Gefühle, weinte bei der Erinnerung an die Trauer und lachte über die Momente, in denen wir uns unseren Humor bewahrt hatten im Angesicht des ganzen mörderischen Wahnsinns. Und ich verfluchte die Mörder des Präsidenten und die Regierung, die sich schützend vor sie gestellt hatte.

Hier ist mein Bericht von jenen unglaublichen drei Tagen im Parkland Hospital.

TEIL 1

DIE VORGESCHICHTE

Es ist der Traum vieler Menschen, das Schicksal möge ihnen irgendwann eine Rolle zuteilen, in der sie Geschichte machen oder hautnah miterleben, wie sich der Lauf der Welt dramatisch ändert, in der sie auf einmal aus der Anonymität heraustreten und ihr Leben nie mehr das gleiche sein wird. Im Jahre 1963 habe ich eine solche Erfahrung gemacht, als Mitglied des Chirurgenteams eines Bezirkskrankenhauses in einem Städtchen, das darum kämpfte, eine Großstadt zu werden; das Schicksal packte mich und stellte in drei unglaublichen Tagen mein ganzes Leben auf den Kopf. Während dieser drei Tage war ich im Zentrum des geheimnisvollsten Mordfalls in der Geschichte der Vereinigten Staaten, dem Attentat an Präsident John F. Kennedy. Es veränderte mein Leben.

Ich wuchs in einer Stadt namens Paris im Staat Texas auf und wollte Arzt werden. Maßgeblichen Anteil an diesem Entschluß hatten mein Vater, Jack Crenshaw, und unser Hausarzt John Arch Stevens. Nach der High School schrieb ich mich, beseelt von dem brennenden Wunsch, Arzt zu werden, an der Southern Methodist University in Dallas ein, deren Begabtenprogramm ich als Bachelor of Science mit Auszeichnung abschloß. Um mein Studium fortzusetzen, bewarb ich mich anschließend an der Southwestern Medical School, einer neugegründeten Institution, von der das Parkland Hospital, die ebenfalls gerade eingeweihte Universitätsklinik, sein Ärztepersonal rekrutierte.

Damals hätte ich jeden für verrückt erklärt, der mir prophezeit hätte, der Präsident der Vereinigten Staaten werde eines Tages mit zerfetztem Schädel vor mir liegen und Tage später der vermeintliche Attentäter.

Obwohl ich mir dank meiner guten Zeugnisse jede Universität in den Staaten hätte aussuchen können, fiel meine Wahl auf die Southwestern Medical School, da sie die am nächsten gelegene Hochschule für Medizin und obendrein recht billig war, denn das Schulgeld belief sich nur auf hundertfünfzig Dollar pro Semester, die Bücher freilich mußte man extra kaufen. Die Schule gehörte nicht zu den feinen »Ivy League«-Universitäten, aber es war dennoch eine verdammt gute Schule. Dort arbeitete Dr. Tom Shires, Professor und Leiter der chirurgischen Abteilung des Parkland Hospital. Wir nannten ihn »Kleiner Cäsar der Chirurgie«, und er inspirierte mich dazu, Chirurg zu werden. Dr. Shires hatte mir gesagt, ein Chirurg sei ein Internist, der schneiden kann.

Nach meinem Studium verbrachte ich ein Jahr als Assistenzarzt in der Abteilung für innere Medizin im Dallas Veteran Hospital. Meine Anstellung als einer von fünf Assistenzärzten am Parkland Hospital im Jahr darauf, 1961, bedeutete für mich einen gewaltigen Schritt nach vorn – mit einemmal gehörten ich und meine Kollegen zu den Besten der Besten, und meine akademische Laufbahn war gesichert. Wir fühlten uns als Auserwählte durch unseren unmittelbaren Kontakt mit dem Göttlichen (d.h. Dr. Shires). Dr. Shires gab uns zu verstehen, daß wir als Mitglieder seines Teams der Spitze der medizinischen Welt angehörten.

Ich war, wie alle anderen, ein sehr selbstbewußter Arzt – sogar arrogant, nehme ich an. Unsere überaus hohe Selbsteinschätzung kam von der Art und Weise, wie wir die chirurgische Praxis lernten. Es hieß: »Sieh dir eine Operation an, mach selber eine, und dann zeige anderen, wie man's macht.« Der Konkurrenzkampf war hart, doch wir respektierten einander als Ärzte und Chirurgen und arbeiteten gut zusammen. Wir waren überzeugt davon, die beste medizinische Versorgung im ganzen Land anzubieten.

Es war der Leitung des Hospitals unangenehm, daß wir Assistenzärzte bei den medizinischen Leistungen eine so wichtige Rolle spielten, doch es war so. Als Konsequenz wurde von höherer Stelle die wesentliche Rolle, die ich und andere Assistenzärzte bei der medizinischen Versorgung Kennedys hatten, absichtlich heruntergespielt, und die Warren-Kommission versäumte es, uns zu verhören und äußerst wichtige Zeugenaussagen zu bekommen. Ich hatte einige Erfahrung mit Kopfwunden, die von Hochleistungsgewehren verursacht waren, und ich hatte eine klare Meinung zu den Verletzungen am Kopf des Präsidenten, die den Erkenntnissen der Ärzte, die später die Autopsie durchführten, entschieden widersprach. Ich kann nur für mich selbst sprechen und weiß nicht, wie meine Kollegen im Not-OP 1 darüber dachten, ich jedenfalls hatte nicht die Absicht, durch die Veröffentlichung meiner Gedanken zum Tod des Präsidenten meine medizinische Karriere und – wie es jetzt scheint – mein Leben aufs Spiel zu setzen.

Manche Leute glauben immer noch, Präsident Kennedy sei damals einer Bande von unbedarften Landärzten ausgeliefert worden, deren medizinisches Können sich auf das Vernähen von Schnittwunden und die Behandlung von Schnupfenpatienten beschränkte, und wir bedauerten, daß Ärzte der großen Universitätskliniken im Osten der USA behaupteten, Präsident Kennedy habe nicht die optimale medizinische Versorgung erhalten. Das Gegenteil trifft zu, wie die beeindruckenden Karrieren der Assistenzärzte und des Personals des Parkland Hospital im Jahr 1963 beweisen.

Dr. Tom G. Shires war bis vor kurzem Chefchirurg und Dekan der Cornell University Medical School im Staat New York und leitet jetzt die Chirurgie der Texas Tech Medical School in Lubbock.

An derselben Institution hat Dr. Malcolm O. Perry, bis vor kurzem Professor für Chirurgie und Leiter der Abteilung für Gefäßmedizin an der Vanderbilt University Medical School in Nashville, Tennessee, heute den Posten eines Professors und Leiters der Abteilung für Gefäßchirurgie inne. Dr. James »Red« Duke, der Chirurg, der Gouverneur Connally operierte, ist Professor für Chirurgie und Leiter der Unfallaufnahme der University of Texas Medical School in Houston, Texas. Dr. Charles R. Baxter und Dr. Robert N. McClelland sind Professoren für Chirurgie an der Southwestern Medical School. Dr. Charles J. (»Jim«) Carrico ist Leiter der chirurgischen Abteilung des Parkland Hospital und der Southwestern Medical School. Dr. Ronald Jones ist Chef der allgemeinen Chirurgie am Baylor Medical Center. Ich selbst bin heute Professor für Chirurgie an der Southwestern Medical School und Chefchirurg und Leiter der chirurgischen Abteilung des John Peter Smith Hospital in Fort Worth, Texas. Wäre ich selbst mit lebensgefährlichen Verletzungen in eine Notaufnahme mit einem solchen Team gebracht worden, hätte ich mich ziemlich sicher gefühlt.

Ich habe mir oft vorgestellt, was wohl passiert wäre, wenn Kennedys Fahrzeugkolonne sich weiter im Osten der Stadt befunden hätte, als er erschossen wurde, denn dann hätte man die Verletzten in die Baylor-Klinik gebracht. Damals war Baylor keine Universitätsklinik, das Personal war nicht für die Aufnahme von Unfallopfern ausgerüstet, und möglicherweise wäre nur ein Chirurg anwesend gewesen. Connally, der dem Tode näher war, als die meisten Leute annehmen, hätte sehr wohl sterben können. Heute allerdings hat Baylor eine gut funktionierende Unfallaufnahme und hervorragende Chirurgen.

Während meines ersten Jahres als Assistenzarzt war ich Leiter eines Forschungsprojekts unter der Aufsicht von Dr. Shires, bei dem wir die bahnbrechende Entdeckung machten, daß der Tod durch hämorrhagen Schock vor allem durch die vermehrte Ausschüttung körpereigenen Salzwassers in die Zellen verursacht wird. In Parkland stand die Forschung an erster Stelle, und knapp drei Jahrzehnte später gewannen die Ärzte Dr. Joseph L. Goldstein und Dr. Michael S. Brown von der Southwestern Medical School den Nobelpreis für ihre Forschungsarbeit im Bereich des Cholesterolstoffwechsels. Ich zähle die Southwestern zu einer der fünf besten Universitäten für Medizin in den USA, und Parkland besitzt meiner Ansicht nach eine der besten Unfallnotaufnahmen in der ganzen Welt.

Im Jahre 1963 hatte Parkland, das zwischen dem Harry Hines Boulevard und dem Stemmons Expressway liegt, eine Kapazität von fünfhundertfünfzig Betten, und es war für etwa eine Million Einwohner zuständig. Unter den dreihundert festangestellten Ärzten und Assistenzärzten waren fünfundzwanzig Chirurgen. Heute hat Parkland eine Kapazität von siebenhundertsechzig Betten und achthundertfünfzig Festangestellte und Assistenzärzte.

Von Anfang an war das Parkland Hospital das Feldlazarett des Kriegsschauplatzes Dallas, und die Patienten waren vor allem Bedürftige und Sozialfälle, die sich keine private Krankenversorgung leisten konnten. Viele der Verletzten, die in die Notaufnahme des Parkland Hospital gebracht wurden, waren daher betrunken, aggressiv und oft gewalttätig. An der Zahl der Gewaltopfer konnte ich erkennen, wann Vollmond war. Durchschnittlich behandelten wir dreihundertachtzig Patienten täglich. Jahrelang nannten wir Unfallärzte uns den »Messer-und-Pistolen-Club«.

Im Jahre 1963, als Präsident Kennedy nach Dallas kam, war die medizinische Versorgung, insbesondere von Unfallopfern, bei weitem noch nicht so fortgeschritten wie heute. Die Krankenwagen waren lediglich Lieferwagen mit einer einzigen Sauerstoffflasche, und es gab keine Spezialisten für die Erste Hilfe bei Unfällen. Das Blut von Afro-Amerikanern durfte nicht Weißen injiziert werden und umgekehrt. Andere Krankenhäuser in Dallas wollten keine Unfallpatienten aufnehmen, da man damit kein Geld verdienen konnte. Das gesamte Jahresbudget eines Krankenhauses für die Versorgung von Unfallopfern war oft nach der Behandlung von ein paar wenigen Patienten erschöpft. Und so etwas wie Medicare oder Medicaid (spezielle gesetzliche Krankenkassen im heutigen Amerika, A.d.Ü.) gab es damals nicht. Meistens behandelten wir Arme und Unterprivilegierte. Niemand, der auch nur über etwas Geld verfügte, wäre auf die Idee gekommen, sich freiwillig im Parkland Hospital behandeln zu lassen – es sei denn, er war ein Unfallopfer und benötigte wirksame Soforthilfe. In diesem Fall erhöhte die Behandlung in Parkland seine Überlebenschancen beträchtlich. Ansonsten wählte derjenige, der es sich leisten konnte, ein privates Krankenhaus.

Die Polizisten von Dallas waren unsere besten Freunde, denn sie beschützten uns, wenn wir Patienten zu behandeln hatten, die uns bespuckten oder bissen, die um sich schlugen und traten. Mit den Beleidigungen konnten wir fertig werden, nicht aber mit handgreiflichen Attacken. In jenen Tagen brachten wir gewalttätige Patienten sehr schnell zur Vernunft. In einigen Fällen benutzten wir Handtuchklammern, die wir an den Ohren befestigten und die sich mit ihren scherenartigen Widerhaken in das Fleisch bohrten. Das andere Ende befestigten wir am Bettlaken, und wenn derjenige sich bewegte, riß es ihm die Ohren ab. Dasselbe machten wir mit der Nase, nur befestigten wir als zusätzliches Gewicht eine Halbliterflasche Äther an der Klammer. Ich weiß, das klingt grausam, es war jedoch auch zum Schutz des Patienten gedacht. Manchmal war es die einzige Möglichkeit, jemanden lange genug ruhigzustellen, um ihn behandeln zu können. Man kann unmöglich die Schnittwunde eines Mannes zunähen, der einem in die Augen spuckt und die Fäuste in den Magen rammt.

Ich werde niemals den Mann vergessen, der im Not-OP 4, der etwas abseits lag und für die renitentesten Patienten bestimmt war, eine Pistole auf mich richtete. Wir mußten ihm die Tragbahre so lange in den Unterleib rammen, bis er die Pistole fallen ließ. Es war der Wilde Westen der medizinischen Welt.

Als Assistenzarzt in meinem zweiten Jahr im Parkland Hospital war ich fast ständig erschöpft, gereizt und krank. Ich hatte mich an diesen Zustand schon so sehr gewöhnt, daß ich eine Hepatitisinfektion erst bemerkte, als sich meine Augäpfel gelb färbten. Wir nannten die Stelle als Assistenzarzt das »schwarze Loch«, denn die Ärzte, die diese Position innehatten, wollten raus und die jungen angehenden Chirurgen rein.

Zusätzlich zu den Nachtschichten in der Notaufnahme arbeiteten wir jede dritte Nacht in einem Chirurgenteam. Von achtundvierzig Stunden arbeitete ich sechsunddreißig in dieser Irrenhausatmosphäre, sieben Tage in der Woche, wobei mir nur wenig Zeit für meine Frau und mein Kind blieb – und das alles für ganze hundert Dollar im Monat. Ich stand jeden Morgen um vier Uhr auf und las die medizinischen Fachzeitschriften, um mich über den neuesten Stand der Forschung zu informieren. Dann hetzte ich in die Klinik, um dort die Ergebnisse meiner eigenen Forschungsarbeit zu begutachten, bevor ich meinen Arbeitstag als Chirurg begann. Für mich und meine Kollegen war es unter diesen Umständen bloß eine Routineübung, umgeben von Blut, Schmerz und Tod täglich Hunderte von Patienten zu behandeln. Es war paradox: Wir waren Chirurgen und darauf gedrillt, Leben zu retten – und doch machten uns die Umstände, unter denen wir es sahen, dem Leben gegenüber immer gleichgültiger.

Politisch gesehen war ich immer ein konservativer Demokrat, und ich kann mich gut an die politische Stimmung am Vorabend des 22. November 1963 erinnern. Im Jahre 1960 hatte Richard Nixon die Wahlen der Region von Dallas gewonnen, was lange Zeit keinem republikanischen Präsidentschaftskandidaten gelungen war. Auf dem Höhepunkt des Wahlkampfs bespuckte Bruce Alger, erstes republikanisches Kongreßmitglied seit dem Bürgerkrieg, Lyndon B. Johnson und seine Ehefrau, als diese vom Baker Hotel zum Adolphus-Gebäude gingen, während eine aufgebrachte Menge schrie:»LBJ ist von den Yankee-Sozialisten gekauft worden!« Es folgte ein Handgemenge, und Vizepräsident Johnson benötigte dreißig Minuten, um die Straße zu überqueren.

Einen Monat vor Präsident Kennedys Besuch in Dallas attackierte eine Hausfrau, die einer rechtsradikalen Organisation angehörte, den UN-Abgeordneten Adlai Stevenson und verletzte ihn mit einem Anti-UN-Schild am Kopf. Als er durch den protestierenden Mob zu seiner Limousine draußen vor dem Auditorium flüchtete, wurde er angespuckt, und nachdem er eingestiegen war, versuchte die Menge, das Fahrzeug umzukippen.

Wenn Präsident Kennedy heute die Stadt besuchen würde, würde man ihn wärmstens willkommen heißen. Aber in jenen Tagen bewirkte der Einfluß extremer politischer Gruppierungen wie der John Birch Society, daß Dallas Präsident Kennedy haßte, nicht so sehr den Mann selbst, sondern das, was er in den Augen der Bevölkerung verkörperte. Nicht, daß die Texaner seinen Tod gewünscht hätten, sie akzeptierten ihn nur nicht als ihren Präsidenten. Wir hatten unsere Lektion in europäischer Geschichte gelernt, und wie die Gründerväter unserer Nation wollten auch wir keinen König. Präsident Kennedy jedoch wirkte auf uns wie ein König mit all seinem Geld, seinem Lebensstil, seiner Familie und mit seiner Ausstrahlung, seinem Charisma – oh, dieses Charisma, das buchstäblich von ihm ausströmte! Ich entsinne mich, daß Ralph Yarborough der einzige Politiker in Texas war, der ihn mochte.

Robert und Jacqueline hatten den Präsidenten davor gewarnt, nach Dallas zu kommen, aber er kam dennoch, um das angeknackste Ansehen der Demokratischen Partei wieder zu heben. Lyndon Johnson, John Connally und Ralph Yarborough lagen sich in den Haaren wegen der wachsenden Bewegung, Johnson als Vizepräsidenten 1964 zu stürzen. Weder konservative Demokraten noch Republikaner trauten dem reichen, liberalen, überheblichen, katholischen Präsidenten über den Weg.

Und wo waren Sie am 22. November 1963? Ich befand mich am frühen Morgen jenes historischen Tages vor fast drei Jahrzehnten in der Chirurgie, bereit zur nächsten Runde im Kampf der Medizin gegen Verletzungen. Heute jedoch sollte der Tag anders ablaufen als gewohnt. An diesem Tag sollte etwas geschehen, was mein Leben mit einem Schlag ändern sollte und mich in einen Strudel abenteuerlicher Ereignisse stürzte, wovon die meisten Menschen nur träumen. Als ich Not-OP 1 betrat, trat ich in die Weltgeschichte ein.

TEIL 2

FREITAG – 22. NOVEMBER 1963

Mitternacht

Hotel Texas – Fort Worth

Präsident Kennedy und seine Frau Jacqueline befinden sich im Texas Hotel in Fort Worth. Sie sind dort spät am Vorabend aus Houston angekommen und erreichten das Hotel um 23 Uhr 50. Die mitreisenden Agenten des Secret Service gehen hinunter in den Presseclub, um ein paar Drinks zu sich zu nehmen. Als sie erfahren, daß es in Texas verboten ist, nach Mitternacht Alkohol zu verkaufen, ziehen sie weiter zu einem Club, genannt »The Cellar«, der die ganze Nacht geöffnet ist. Dieser Treffpunkt, der keine Alkohollizenz hat, ist dafür bekannt, daß dort immer Drinks ausgegeben werden an Anwälte, Politiker oder Polizisten, kurz an alle, die als wichtig eingestuft werden und später einmal von Nutzen sein könnten.

Der Besitzer des Clubs, Pat Kirkwood, ist ein guter Bekannter von Jack Ruby. Beide waren die Arbeitgeber der Striptease-Tänzerinnen Tami True und Little Lynn. Little Lynn wird später Rubys Alibi bezeugen – einen Überweisungsauftrag der Western Union, nur Minuten vor dem Attentat abgeschickt. Kirkwoods Vater wiederum ist Partner von Lewis McWillie, einem Vertrauten Rubys, in einer Spielhöhle in Fort Worth. McWillie war FBI-Unterlagen zufolge ein Mörder und arbeitete für den kubanischen Mafia-Boß Santos Trafficante. Trafficante spielte in den Plänen der CIA, Kubas Präsidenten Fidel Castro zu ermorden, eine Schlüsselrolle. Kirkwood, der Besitzer des »Cellar«, ist selbst eine recht interessante Persönlichkeit, ein Glücksritter mit einem eigenen zweimotorigen Flugzeug, mit dem er einige Stunden nach dem Attentat nach Mexiko fliegt.

Zehn der zur Bewachung Präsident Kennedys abgestellten Sicherheitsleute nutzten das Gratis-Drink-Angebot bis etwa halb vier Uhr morgens aus. Vier dieser Männer werden sich am nächsten Tag zur Zeit des Anschlags in einer zweiten Limousine direkt hinter der des Präsidenten befinden. Drei der Agenten, die die Präsidentensuite schützen sollen, befinden sich auch im »Cellar«, um mit ihren Kollegen eine »Kaffeepause« einzulegen, während der sie sich von zwei Feuerwehrmännern aus Fort Worth vertreten lassen. Zeugen hören mit an, wie die Agenten Witze darüber machen, daß sie die Bewachung von Präsident Kennedy und der First Lady der Feuerwehr überlassen hätten. Als später in Dallas die tödlichen Schüsse fallen, unternimmt nur einer der zum Schutz des Präsidenten abkommandierten Agenten einen nennenswerten Versuch, das Leben des Staatsoberhaupts zu retten. Er versucht dem angeschossenen Präsidenten aus dem zweiten Wagen zu Hilfe zu eilen, wird jedoch von dem befehlshabenden Agenten des Secret Service zurückbeordert.

Obwohl die Statuten des Secret Service es Mitgliedern des Personenschutzes für das Weiße Haus ausdrücklich untersagen, auf Dienstreisen Alkohol in jedweder Form zu sich zu nehmen, wurde gegen keinen der Beamten ein Disziplinarverfahren angestrengt.

Im Gegensatz zu den Leibwächtern des Präsidenten nimmt auffälligerweise keiner der Geheimdienstagenten des Vizepräsidenten an den Feierlichkeiten im »Cellar« teil – sie befinden sich vielmehr in ihren Zimmern, um sich für den nächsten Tag auszuruhen. Unmittelbar nach dem ersten Schuß schreit der persönliche Leibwächter Lyndon Johnsons »Hinlegen!« und wirft sich über den Rücksitz der Limousine auf den Vizepräsidenten, drängt ihn nach unten und aus der Schußlinie.

4 Uhr morgens

Hotel Texas – Fort Worth

Der Präsident wird bald aufstehen. Er hat wieder einen arbeitsreichen Tag vor sich auf dieser Tour durch Texas, mit der er die erbitterte Fehde unter Spitzenpolitikern der Demokratischen Partei schlichten will. Auf dem Programm stehen eine Parade durch das Zentrum von Dallas und ein Lunch auf der Trade Mart. Es ist immer noch ungewiß, ob Lyndon B. Johnson und Ralph Yarborough, politisch im Clinch miteinander, zustimmen werden, gemeinsam in einer Limousine zu fahren.

Daheim – Dallas

Als ich die Augen öffnete, fühlte ich mich immer noch müde. Ich brauchte keinen Wecker, um jeden Morgen zwischen vier und vier Uhr dreißig aufzuwachen, da ich mich daran gewöhnt hatte – wenn ich überhaupt ins Bett kam. Ich finde es immer noch erstaunlich, wie ich mich darauf programmieren konnte, trotz der Erschöpfung jeden Tag zu dieser nachtschlafenden Zeit aufzustehen. Es wurde mir so sehr zur Gewohnheit, daß ich es selbst jetzt noch jeden Morgen tue, nach siebenundzwanzig Jahren. Als wäre ich automatisch gesteuert.

Ich wußte, daß Präsident Kennedy nach Dallas kommen würde, da ich es am Vortag in den »Dallas Morning News« gelesen hatte, dachte jedoch nicht weiter darüber nach an diesem Morgen. Denn in meiner abgeschlossenen Welt im Parkland Hospital konnte ich ihn ohnehin nicht zu Gesicht bekommen. Parkland nahm sich das Beste von mir und von jedem Chirurgen und warf das, was von uns übrig war, zurück in unsere Familien. Meine Ehe zeigte bereits Anzeichen einer Krise.

Ich war an Politik interessiert, und doch rangierte sie auf meiner Prioritätenliste ganz unten. Durch die Zeitung war ich über die Probleme der Demokratischen Partei zu jener Zeit auf dem laufenden. Texas war in politischer Hinsicht ein zerrissener, feindseliger Staat. Nachdem ich Zeuge der Ausschreitungen gegen andere durchreisende Demokraten, speziell gegen Lyndon B. Johnson und Adlai Stevenson, geworden war, fürchtete ich, Kennedys Besuch könnte einen weiteren häßlichen Zwischenfall auslösen.

Ich zwinkerte, rieb mir die Augen, bis das Fenster in meinem Schlafzimmer Konturen annahm. Die Vorhänge waren nur zum Teil zugezogen, und ich konnte sehen, daß draußen noch pechschwarze Nacht war. Manchmal bekam ich die Sonne tagelang nicht zu Gesicht. In gewissen Phasen meiner Arbeit verließ ich das Haus vor Sonnenaufgang und kehrte erst lange nach Einbruch der Nacht wieder zurück, was mein Zeitgefühl ausschaltete. So etwas wie Tag und Nacht existiert nicht für einen festangestellten Unfallchirurgen, dessen Arbeitsraum ohne Fenster ist – es gibt nur Zeiten, in denen er im Dienst ist, und Zeiten, in denen er frei hat. Der vor mir liegende Tag versprach ungewöhnlich zu werden, denn es stand nur wenig an, eine Gallenblasenoperation, das war alles.

Danach wollte ich gehen, mitten am Nachmittag, was noch ungewöhnlicher war.

Ich kämpfte mich aus dem Bett und tappte ins Badezimmer. Meine Frau und mein dreijähriger Sohn Chad schliefen noch.

Ich schloß die Tür, machte das Licht an, spritzte mir einen Schwall kalten Wassers ins Gesicht und betrachtete im Spiegel mein dreißigjähriges Gesicht, das an diesem Morgen aussah wie fünfzig, mit zusammengekniffenen Augen. »O Gott! Die Show beginnt«, knurrte ich.

Im Herbst des Jahres 1963 war ich nicht mehr der Unfallstation zugeteilt, sondern Leiter des allgemeinen Chirurgenteams B; wir hatten alle drei Tage vierundzwanzig Stunden Dienst. Sechs Monate im Jahr hatten wir in der Unfallstation jeden zweiten Tag Schichtwechsel, das alles natürlich zusätzlich zu meinen sonstigen Pflichten bei der Forschung und bei der Arbeit mit neu angekommenen Assistenzärzten. Normalerweise assistierte mir Dr. Shires oder ein anderes Mitglied des Teams bei der Operation. »Die Show beginnt«, das hieß einfach, daß ich jeden Tag auf der Bühne stand und vor den strengsten Kritikern, die man sich vorstellen kann, bestehen mußte. Es gab keinen anderen Weg für einen festangestellten Chirurgen, der eine akademische Karriere anstrebte. Hier ging es nicht darum, einen Betrunkenen in der Unfallstation zur Räson zu bringen oder in einem Privatkrankenhaus seine Patienten zu behandeln – es gibt keine Privatsphäre im OP einer Universitätsklinik und keinen Weg, irgend etwas geheimzuhalten. Gerüchte von der Leistung des Chirurgen verbreiteten sich wie ein Lauffeuer in allen Stockwerken des Krankenhauses. Wenn etwas schiefging, wußten es alle, noch bevor der Patient in den Ruheraum gebracht worden war.

Der Grund dieses gnadenlosen Wettbewerbs lag in der heftigen Eifersucht zwischen privat praktizierenden Ärzten und solchen, die in der Lehre aktiv waren, und ich zog die Lehre vor, denn das hieß für mich, am Puls der Medizin zu sein. Ich bin lieber Kapitän auf der »Pinta« als Passagier auf der »Queen Elizabeth«.

Meine Adresse war 4714 Bradford Drive, Apartment A, eine Zweizimmerwohnung in einer sozialen Wohnsiedlung, fünf Minuten von der Klinik entfernt. Direkt gegenüber befand sich ein »housing project« (ein städtischer Mietkomplex für Sozialfälle, A.d.Ü.).

Meine Miete belief sich auf hundertfünfundsiebzig Dollar im Monat; Parkland bezahlte mir hundertfünfzig Dollar im Monat, und ich bekam zusätzlich noch monatlich zweihundert Dollar als Stipendiat des NIH Research Fellowship. Meine Eltern stockten mein Einkommen auf, damit ich meine Familie ernähren konnte.

Schräg gegenüber wohnte mein Schwager, ein orthopädischer Chirurg, und ein paar Häuser weiter wohnte Ronald Jones, ein Assistenzarzt. Das medizinische Personal lebte getrennt von den anderen Mietern des preiswerten »housing project«.

Parkland Hospital – Dallas

Ich erreichte das Krankenhaus an diesem Morgen wenige Minuten vor fünf Uhr. Ich kann mich noch erinnern, wie kalt und unfreundlich es draußen war, als ich aus meinem 1959er Mercury stieg. Es sah nach schlechtem Wetter aus. Zum erstenmal an diesem Morgen dachte ich an den Besuch des Präsidenten und was für ein lausiger Tag für eine Parade das war. Ich betrat das Gebäude und ging hinauf zu den Umkleideräumen im zweiten Stock, dem Stockwerk, in dem wir alle Operationen durchführten, und zog meinen Chirurgenanzug und einen weißen Arztkittel an. Dann ging ich zur Mensa, wo ich meine erste Tasse von dem Kaffee trank, der vierundzwanzig Stunden am Tag neben den Operationsräumen kochte.

Vorbei an dem Anästhesieraum und dem Ruheraum betrat ich durch zwei Schwingtüren die Schwesternstation der Chirurgie und sah die Patientenakten durch. Ich wollte die Daten haben, bevor die Studenten ins Krankenhaus kamen. Dann fragte ich sie gründlich ab.

Ich war dafür berüchtigt, die Studenten besonders zu quälen, denn ich bestand darauf, daß sie immer die Wichtigkeit ihrer Arbeit verstünden. Außerdem wollte ich angesichts des Konkurrenzkampfs unter den Assistenzärzten einen guten Eindruck machen. Wir wurden jedes Jahr geprüft, und sowohl unser Selbstwertgefühl als auch das berufliche Fortkommen richteten sich nach der Leistung. Tatsächlich war ich nicht so schlimm, wie ich angeblich gewesen sein soll – bis zu meinem letzten Jahr als Assistenzarzt, wo mein Charakter beinahe grausam wurde. Ich dachte mir damals, wenn man einen entscheidenden Fehler eines Verantwortlichen traumatisch genug machte, würde er um so mehr daraus lernen. Und das glaube ich noch heute, denn einige meiner wertvollsten Erfahrungen habe ich selbst auf diese Weise gemacht. Ich werde meinen Mentoren immer dankbar sein, daß sie mich so gründlich unterrichteten.

Nachdem ich Aufträge geschrieben und Labortests überprüft hatte, ging ich in den ersten Stock zur medizinischen Fakultät hinunter, wo ich den Verlauf der Forschungsprojekte von Dr. Shires und Dr. Baxter begutachtete. Daraufhin begab ich mich, noch vor dem Frühstück, auf Visite, um nach einigen schwerkranken Patienten zu sehen. Zu diesem Zeitpunkt lief alles reibungslos. Da Dr. Shires, der Direktor der chirurgischen Abteilung, verreist war, fühlte ich mich entspannt und frei von Leistungsdruck. Ich freute mich darauf, nur eine einzige Operation durchführen zu müssen und dann nach Hause zu gehen, was für mich gleichbedeutend mit einem Urlaub in Hawaii war.

Nachdem ich nach allen meinen Patienten gesehen hatte, ging ich in die Kantine im ersten Stock und nahm zwei harte Eier, Toast und Kaffee zu mir, während ich die Morgenzeitung durchblätterte. Die »Dallas Morning News« waren voller Berichte über den Präsidenten und die First Lady. In einem der Berichte war die Route skizziert, die der Konvoi des Präsidenten durch das Zentrum von Dallas nehmen würde. Laut Plan sollte er von Love Field in südlicher Richtung über die Harwood Street zur Main Street fahren, dann nördlich in Richtung Elm Street, dann zum Stemmons Expressway und schließlich zur Trade Mart, wo ein Empfang stattfinden sollte.

Unangenehm deutlich erinnere ich mich an die ganzseitige Werbung einer Extremistengruppe, die in beleidigendster Form versuchte, die Integrität des Präsidenten zu erschüttern, indem behauptet wurde, Präsident Kennedy sei ein Kommunist. In einer Fotomontage waren Fotos des Präsidenten zu sehen, von vorne und von der Seite. Die Überschrift zu dem Text lautete: »Dieser Mann wird wegen Landesverrat gesucht«. Weiter wurde behauptet, Kennedy trete freiwillig »die Souveränität der Vereinigten Staaten an die kommunistische UNO« ab. Ich hielt den Präsidenten zwar nicht für einen konservativen Demokraten, wie es sie in den Südstaaten gibt, doch er war beileibe kein Kommunist.

Ich ging zurück in den zweiten Stock, um die Operation vorzubereiten, und betrat den Aufenthaltsraum, wo Dr. Baxter, der mir bei der bevorstehenden Operation assistieren sollte, eine Tasse Kaffee trank und rauchte. Dann ging ich den Gang hinunter in den Bereitschaftsraum der Anästhesisten, um mit dem Narkosearzt zu sprechen, der uns zugeteilt war.

Der Fernseher lief, im Bild war Jesse Curry, der Polizeichef von Dallas. Ich stellte das Gerät lauter und hörte zu, wie er die Bürger von Dallas ermahnte, sich zu benehmen und dem Präsidenten das Gefühl zu geben, daß er willkommen sei.

7 Uhr 15

Irving – Texas

Lee Harvey Oswald macht sich auf den Weg zur Arbeit, zu seinem neuen Job im Texas School Book Depository, einer zentralen Verteilungs- und Sammelstelle für Schulbücher im Zentrum von Dallas. Sein Kollege Buell Frazier nimmt ihn im Auto mit. Oswald hat ein sechzig bis siebzig Zentimeter langes Paket in der Hand, das er auf den Rücksitz des Wagens legt. Er sagt Frazier, es handele sich um »Vorhangstangen«.

Oswald, der 1939 in New Orleans geboren wurde, hat in mehreren Städten gelebt, unter anderem auch in New York und Fort Worth. Die High School brach er in der zehnten Klasse ab und verpflichtete sich 1956 als Marinesoldat. Er wurde an Radargeräten ausgebildet und war auf einem streng geheimen Stützpunkt stationiert, von dem aus U-2-Aufklärungsflugzeuge zu Spionageflügen auf die Philippinen starteten. Zu seiner Ausbildung gehörte auch Russischunterricht, und er sprach es fließend. Im September des Jahres 1959 beantragte er seine vorzeitige Entlassung, da seine Mutter krank war.

Dem Antrag wurde stattgegeben, und er fuhr zum Haus seiner Mutter nach Fort Worth, wo er drei Tage blieb, um sich anschließend nach New Orleans abzusetzen. Von dort reiste er per Schiff nach Rußland, wo er seine spätere Frau Marina Prusakova kennenlernte.

Während seines Rußlandaufenthalts versuchte er, seine amerikanische Staatsbürgerschaft aufzugeben und geheime Radarinformationen an die Sowjets zu übermitteln. Bald darauf wurde eines der auf den Philippinen stationierten Aufklärungsflugzeuge über Rußland abgeschossen.

Dieser Vorfall machte die Pläne für ein Gipfeltreffen zwischen Präsident Eisenhower und Staatschef Chruschtschow zunichte.

Im Juni 1962 kehrte Oswald mit seiner russischen Frau und seiner neugeborenen Tochter in die Vereinigten Staaten zurück.

Er wurde von den Behörden weder zu dem Versuch, die amerikanische Staatsbürgerschaft aufzugeben, noch zu seiner Spionagetätigkeit befragt. Die Tatsache, daß er nie wegen Verrats angezeigt wurde, ist nur einer von vielen stichhaltigen Hinweisen darauf, daß Oswald einer staatlichen Organisation angehörte.

7 Uhr 55

Texas School Book Depository – Dallas

Oswald und Frazier treffen an ihrem Arbeitsplatz ein, und Oswald nimmt das Paket mit den »Vorhangstangen« vom Rücksitz des Wagens, wobei er das eine Ende in der Hand hält und das andere in seine Armbeuge klemmt. Die Behörden behaupteten später, Oswald habe auf diese Weise die vermeintliche Mordwaffe in das Gebäude geschmuggelt.

8 Uhr 06

Hotel Texas – Fort Worth

Präsident Kennedy und Larry O'Brien, sein enger Freund und Mitarbeiter, stehen am Fenster des Hotelzimmers und blicken hinunter auf den Parkplatz, wo der Präsident in wenigen Minuten eine Rede halten wird. »Wenn einen jemand erwischen wollte«, sagt Kennedy zu O'Brien, »hätte er es nicht besonders schwer, oder?«

Im nachhinein scheint es für die Beobachtung des Präsidenten gute Gründe zu geben, denn in der »Protective Research«-Abteilung, einer Abteilung des Secret Service, die Morddrohungen gegen den Präsidenten nachging, waren zwischen März und November 1963 über vierhundert Attentatshinweise eingegangen. Annähernd zwanzig Prozent dieser Morddrohungen waren politisch motiviert. Im Jahre 1979 überprüfte der Untersuchungsausschuß des Weißen Hauses per Computer alle Hinweise und beurteilte drei davon als ernstzunehmend.

Der erste Hinweis war die Warnung auf einer Postkarte, daß der Präsident während einer Fahrt im Fahrzeugkonvoi erschossen werden würde. Doch der Untersuchungsausschuß beschränkte seine Informationen darauf, daß der Präsident als Folge der Warnung zusätzlichen Schutz erhalten habe, als er im März Chicago besuchte. Es ist jedoch bekannt, daß ein früherer Anschlag auf Kennedys Leben am 5. November 1960 vereitelt wurde. Der damalige Senator Kennedy war Präsidentschaftskandidat der Demokratischen Partei und nahm drei Tage vor dem Wahltag an einer riesigen Wahlkampfveranstaltung im Chicagoer Stadion teil. Jaime Cruz Alejandro, ein dreiundzwanzigjähriger Puertoricaner, wurde von sechs Polizisten überwältigt und entwaffnet, als er sich mit einer geladenen Pistole in der Hand durch die Menge zu Kennedys offenem Wagen drängte.

Der zweite vom Untersuchungsausschuß des Weißen Hauses als wichtig eingestufte Hinweis des Jahres 1963 hatte wieder mit Chicago zu tun und war möglicherweise der Grund dafür, daß der Präsident seinen geplanten Besuch in der Stadt – auf dem Programm standen eine Parade und der Besuch eines Football-Spiels der Luftwaffe im Chicagoer Stadion – absagte. Am 30. Oktober 1960 erfuhr der Secret Service, daß der in Chicago lebende Thomas Arthur Vallee, der offen Kritik an Kennedys Außenpolitik geübt hatte, sich im Besitz verschiedener Feuerwaffen befand und sich für den 2. November, den Besuchstag Kennedys, an seiner Arbeitsstelle einen Tag freigenommen hatte. Bei seiner Festnahme fand die Chicagoer Polizei in seinem Auto ein M-1-Gewehr, eine Handfeuerwaffe und dreitausend Schuß Munition. Vallee wurde am selben Abend freigelassen.

Vor dem Besuch des Präsidenten in Dallas am 22. November fand der Secret Service noch einiges über Vallee heraus. Der Verdächtige war ein Marinesoldat, galt als geistesgestört, war Mitglied der John Birch Society und ein ausgezeichneter Schütze. Diese Informationen wurden jedoch nicht an die Agenten weitergegeben, die zum persönlichen Schutz des Präsidenten bei seinem Besuch in Dallas eingeteilt waren. Ein Bericht des Secret Service, vier Tage nach (!) dem Attentat datiert, macht jedoch auf die Gemeinsamkeiten im Lebenslauf Vallees und des als

Attentäter beschuldigten Lee Harvey Oswald aufmerksam. Sollte Vallee, wie Oswald in Dallas, die Rolle des Killers in einem Chicagoer Mordplan übernehmen?

Heute scheint es klar, daß ein zweites Komplott zur Ermordung des Präsidenten in Chicago geplant war, das am selben Tag stattfinden sollte, ein Komplott, das weitaus ausgeklügelter und hinterhältiger erscheint als das oben beschriebene Szenario vom »irren Einzeltäter«. Abraham Bolden, der erste Afro-Amerikaner, der in einer Secret-Service-Einheit des Weißen Hauses diente, bestätigt den Verdacht auf ein geplantes Attentat. Bolden war 1963 im Chicagoer Büro des Secret Service beschäftigt. Er gab an, daß kurz vor dem 2. November eine Mitteilung des FBI eingegangen sei, die dem Secret Service mitteilte, das FBI habe eine Nachricht erhalten, daß der Präsident umgebracht werden solle, und zwar von einer Gruppe von vier Mann, die mit Hochleistungsgewehren ausgerüstet seien. Mindestens ein Mitglied des Quartetts hatte Boldens Angaben zufolge einen spanisch klingenden Namen. Andere Mitglieder des Chicagoer Secret-Service-Büros wurden vom Untersuchungsausschuß des Weißen Hauses gegen Ende der siebziger Jahre befragt, waren jedoch nicht imstande, Boldens Aussage zu verifizieren. Es gibt keinen Hinweis darauf, daß der Untersuchungsausschuß auch das FBI zur Existenz einer solchen Mitteilung befragte.

Nach dem Attentat verfaßte ein Agent des Chicagoer Büros einen Dringlichkeitsbericht, wonach er verläßliche Informationen habe über »eine Gruppe aus Chicago, die möglicherweise in den Mord an JFK verwickelt ist«. Von einem Mitglied der Gruppe, dem Exilkubaner Homer S. Echevarria, einem offenen Kritiker Präsident Kennedys, wird berichtet, er habe behauptet, seine Gruppe habe »eine Menge Geld« und werde bald mehr militärisches Gerät kaufen, »sobald wir (oder sie) Kennedy erledigt haben«. In dem Bericht heißt es weiter, die Gruppe sei zum

Teil von »Kriminellen nicht nur aus Chicago« finanziert worden.

Der Secret Service erkannte die Wichtigkeit weiterer Ermittlungen über Echevarria und seine Gruppe und verglich seine Erkenntnisse mit denen des FBI. Das FBI antwortete, man halte es nicht für wahrscheinlich, daß Echevarria und seine Männer in illegale Aktionen verwickelt seien, obgleich sie in Kontakt mit einigen militanten Anti-Castro-Terroristen stünden. Angesichts der Beweise weigerte sich der Secret Service, die Angaben des FBI zu akzeptieren, und stellte weitere Ermittlungen an. Doch diesen Aktivitäten wurde abrupt ein Ende gesetzt, als der neue Präsident Lyndon Johnson die Warren-Kommission auf den Plan rief und dem FBI das alleinige Ermittlungsrecht einräumte. Sowohl der Secret Service als auch die Ermittler des Dallas Police Department wurden darüber unterrichtet, daß von nun an das FBI die »alleinige Verantwortung« für die Untersuchung einer möglichen Verschwörung trage. Der Bericht des Secret-Service-Agenten Bolden verschwand in der Versenkung.

Die dritte ernst zu nehmende Morddrohung stammt vom 9. November. Ein Informant der Polizei von Miami zeichnete heimlich ein Gespräch mit einem Rechtsradikalen namens Joseph A. Milteer auf. Milteer berichtete von einem Plan, den Präsidenten mit einem Hochleistungsgewehr vom Dach eines hohen Gebäudes aus zu erschießen. Der Secret Service wurde davon am 12. November unterrichtet, worauf eine am 18. November für den Besuch des Präsidenten in Miami geplante Fahrt im Konvoi abgesagt wurde.

Aus dem Transkript des heimlich aufgenommenen Gesprächs geht deutlich hervor, daß der Plan zur Ermordung des Präsidenten weiterverfolgt und den wechselnden Bedingungen angepaßt wurde.

Milteer sagte: »Es wird daran gearbeitet (...), es gibt keinen Countdown oder so etwas. Wir müssen einfach ständig auf dem Sprung sein. Beim Countdown können sie dich kriegen – bei Bereitschaft nicht. Countdown ist in Ordnung, wenn es sich um eine lang vorbereitete Aktion handelt. Aber bei einer Notfallaktion mußt du auf dem Sprung sein.«

Diese Aussage, der Beweis dafür, daß ein Attentat auf den Präsidenten geplant war, befand sich in den Händen des Secret Service, aber dennoch wurden keinerlei Bemühungen unternommen, den für Kennedys Besuch in Texas zuständigen Agenten davon zu informieren. (Ein Transkript dieser Aufzeichnung wurde der Warren-Kommission übergeben und befindet sich heute im Nationalarchiv in Washington, D.C.).

Angesichts der schnellen Verhaftung Oswalds, der offensichtlich nur die Funktion eines Strohmanns hatte, scheinen die weitergehenden Ausführungen Milteers nicht aus der Luft gegriffen: »Sie werden sich irgend jemanden greifen (...), nur Stunden danach (...), um die Öffentlichkeit irrezuführen.«

Fünf Tage nachdem der Secret Service von dem Hinweis auf ein geplantes Attentat in Kenntnis gesetzt worden war und nur fünf Tage vor dem Tod des Präsidenten ging im FBI-Büro in New Orleans erneut ein Telex ein. William Walter, zuständig für Codierung und Entschlüsselung beim FBI, empfing die Nachricht mit der Warnung vor einer Verschwörung, »Präsident Kennedy während seines geplanten Besuchs in Dallas, Texas, vom 22. bis 23. November zu ermorden«, und dem Hinweis, daß »eine militante revolutionäre Gruppe« den Anschlag geplant habe. Milteer hatte Kontakte zu einigen militanten rechtsradikalen Organisationen und reiste überall im Land herum, um sie zu unterstützen.

Die Behauptung des FBI-Agenten Walter, das FBI habe Informationen über einen möglichen Anschlag in Dallas erhalten, wurde von Harry Maynard im Büro in New Orleans dementiert.

Die Nichtbeachtung der Warnungen vor einem geplanten Attentat auf den Präsidenten ist ausführlich dokumentiert. Die Untätigkeit der staatlichen Stellen, der beinahe völlige Verzicht auf irgendwelche Vorsichtsmaßnahmen ist erschreckend – wenn nicht verdächtig. Secret Service und FBI stehen jedoch nicht allein da. Offensichtlich müssen auch die Behörden von Louisiana einen Teil der Verantwortung für das Attentat in Dallas übernehmen. Zwei Tage vor dem 22. November bekamen sie einen Hinweis, daß zwei Männer auf dem Wege nach Dallas seien, um den Präsidenten zu ermorden. Von all den Warnungen vor einem geplanten Attentat ist keine so niederdrückend wie die von Rose Cheramie, einer ehemaligen Angestellten bei Jack Ruby.

Rose Cheramie wurde am 20. November 1963 verwirrt und mit Spuren von Mißhandlungen neben einer Straße in Eunice, Louisiana, aufgefunden. Der Polizeibeamte, ein State Trooper, der sie fand, sagte aus, daß sie ihm während der Fahrt ins Krankenhaus erzählt habe, sie sei von zwei Männern, wahrscheinlich italienischer Abstammung, ausgesetzt worden. Diese Männer seien auf dem Weg nach Dallas, um den Präsidenten zu ermorden. Der State Trooper beschrieb sie als zurechnungsfähig und ihren Bericht als ziemlich glaubwürdig. Mehrere Beschäftigte des Krankenhauses, in das sie eingeliefert worden war, bezeugten, daß Cheramie das Attentat vorausgesagt hatte.

So absurd es auch klingen mag, die Polizei von Louisiana hat diesen Vorfall nicht (!) dem Secret Service oder einer anderen staatlichen Stelle gemeldet. Erst nach dem Mord an Oswald am 24. November erhielt der Polizeichef von Dallas, Captain Will Fritz, einen Bericht darüber. Fritz antwortete, er sei nicht interessiert, und die Behörden von Louisiana gingen der Spur nicht weiter nach.

Rose Cheramie wurde am 4. September 1965 ermordet. Sie war eine von mehr als fünfzig Personen, die mit dem Attentat in Verbindung gebracht worden waren und innerhalb der darauffolgenden drei Jahre starben. Ihr Tod wie auch ihre Geschichte von den zwei Männern, die den Präsidenten umbringen wollten, bleibt ein Geheimnis.

Wieder wurde sie verletzt am Straßenrand aufgefunden und ins nächste Krankenhaus gebracht. Auf ihrem Totenschein ist an drei Stellen das Kürzel »DOA« (dead on arrival – bei Ankunft bereits tot) zu lesen. Der offizielle Bericht des Krankenhauses jedoch spricht von einer mehr als achtstündigen Behandlung. Interessanterweise wird in diesem Bericht neben anderen Verletzungen auch eine »tiefe, sternförmige Wunde« an der rechten Schläfe beschrieben. Eine solche Wunde entsteht medizinischen Lehrbüchern zufolge bei Kontaktschußwunden – wenn der Lauf der Waffe gegen den Körper des Opfers gedrückt und dann abgefeuert wird. Eine solche Verletzung ist besonders deutlich bei Schußwunden am Kopf sichtbar; die dünne Hautschicht über dem Knochen hindert den Pulverdampf am Entweichen, bewirkt eine Ausdehnung zwischen der Haut und der äußeren Schädeldecke, wodurch die Haut aufgebläht und die charakteristische sternförmige Eintrittswunde verursacht wird.

Unglücklicherweise können die zuständigen Stellen den Autopsiebericht, der dazu beitragen könnte, die Todesursache von Rose Cheramie festzustellen, nicht finden. Eine Untersuchung des angeblichen »Unfalls« ergab weder Haare noch Blut oder Fleisch an dem beteiligten Fahrzeug. Der Fahrer, der Cheramie überfahren haben soll, schwört, daß er es nicht gewesen sei. Er hat auch ausgesagt, daß er, als er anhielt, um Cheramie zu helfen und sie zum nächstgelegenen Krankenhaus zu bringen, einen roten Chevrolet neuerer Bauart bemerkt habe, der in der Nähe geparkt war. Cheramies Schwester bestätigt die Geschichte von dem roten Chevy. Die ermittelnden Beamten hatten ihr gesagt, daß sie auf ihrer Streifenfahrt am Unglücksort kurz vor dem Unfall diesen Wagen ebenfalls gesehen hätten.

War der Tod Rose Cheramies ein Unfall, oder war es Mord? Wir werden es wohl nie erfahren. Auf jeden Fall haben die Behörden von Louisiana ihre Pflicht vernachlässigt, als sie den Hinweis auf ein mögliches Attentat nicht den für den Schutz des Präsidenten zuständigen staatlichen Stellen mitteilten. Die nachdenkliche Bemerkung des Präsidenten in bezug auf den Schutz vor einem Attentat stellte sich als zutreffende Beobachtung heraus. Er hatte sich oft über die zu seinem Schutz getroffenen Maßnahmen lustig gemacht, und seine häufigen Reisen und das damit verbundene Bad in der Menge stellten ein ernstes Problem für den Secret Service dar. Seine politischen Entscheidungen waren liberal und manchmal innovativ. Keine dieser Eigenschaften jedoch verursachte seinen Tod. Die schwere Last der Verantwortung liegt ganz allein auf den Schultern der Organisationen und Beamten, die auf Recht und Gesetz vereidigt worden waren und denen die Aufgabe anvertraut worden war, das Staatsoberhaupt zu beschützen.

Die Nachlässigkeit des Secret Service ist vielleicht am treffendsten im Bericht des Untersuchungsausschusses des Weißen Hauses beschrieben, in dem festgestellt wird, daß »Präsident Kennedy nicht angemessen beschützt« wurde, daß der Secret Service »seine Pflicht unzureichend erfüllt« habe und »sich im Besitz von Informationen zum Besuch des Präsidenten in Dallas befand, die nicht richtig ausgewertet, untersucht oder genutzt wurden (...)«.

Parkland Hospital – Dallas

Ich war im Bereitschaftsraum und versicherte einem ziemlich fertigen Patienten, daß die Operation gut verlaufen und alles gut werden würde, da die besten Chirurgen des Landes sich um ihn kümmerten. Ein Chirurg muß notwendigerweise selbstsicher sein – denn er hält im wahrsten Sinn des Wortes ein Leben in der Hand, er muß wichtige Entscheidungen treffen und schnell und sicher handeln können. Eine

Redensart lautete: »Kein richtiger Chirurg weiß die Antwort auf die Frage nach den drei besten Chirurgen des Landes. Er weiß nicht, wer die anderen zwei sind.«

An diesem Morgen war Dr. Tom Shires in Galveston auf einem Kongreß der Western Surgical Association. An seiner Stelle sollte mir Dr. Charles R. Baxter, eine lebende Legende, bei der Operation assistieren. Dr. Baxter war vier Jahre älter als ich und hatte, wie auch Dr. Shires, großen Einfluß auf meine Entscheidung gehabt, Arzt zu werden. Wir kamen beide aus Paris, Texas. Während unserer Kindheit hatte er bei mir die Rolle eines großen Bruders übernommen.

Der Junior-Assistenzarzt und der Praktikant bereiteten die Operation vor, während Dr. Baxter und ich am Waschbecken im Gang unsere Hände sterilisierten und den Verlauf unserer Forschungsarbeiten über regionale Hyperthermie des Unterleibs besprachen.

Bei den Forschungen im Parkland Hospital, die darauf abzielten, die Zahl der Todesfälle durch unfallbedingten Schock zu reduzieren, fanden wir heraus, daß entscheidende physiologische Prozesse blitzartig im Körper ablaufen und sich die Überlebenschancen des Patienten erhöhen, wenn man etwa vier bis fünf Liter eisgekühlte Ringerlösung (Salzwasser) in den offenen Unterleib gießt. Zwei wichtige Funktionen werden dadurch erfüllt. Zum ersten reduziert sich die Temperatur der Nieren abrupt, wodurch verhindert wird, daß die Organe wegen Sauerstoffmangels durch unzureichende Blutzufuhr absterben. Der Ausfall der Nieren führt in neunzig bis hundert Prozent der Fälle zum Tod. Zum zweiten läuft die Ringerlösung schnell durch das Bauchfell in die Leber, wo sie als plasmaähnliche Substanz auftaucht. Das bedeutet einen zusätzlichen Schutz für Patienten mit hämorrhagem Schock nach hohem Blutverlust.

In einem Körper, der unter hämorrhagem Schock steht, was von der unzureichenden Menge zirkulierenden Bluts

54

herrührt, ziehen sich die Arterien zusammen, und es entsteht eine Leere, die man den »dritten Raum« (»third space« A.d.Ü.) nennt. In diesem Zustand verliert sich das körpereigene Natrium in den Zellen. Natrium ist notwendig, um den Blutdruck aufrechtzuerhalten und die Zellen für die Sauerstoffzufuhr zu den Nieren und zu anderen Organen zu vergrößern. Bei erheblichem Blutverlust unterstützt die Ringerlösung diesen Prozeß und verringert die Gefahr eines Nierenschadens mit daraus folgenden Schocknieren. 1963 gab es in ganz Dallas nur zwei Nieren-Dialysegeräte, und daher war dieser Durchbruch in der Medizin von unschätzbarem Wert.

Dank der Forschung mit der Ringerlösung am Parkland Hospital und an der Southwestern Medical School können Nierenschäden bei Unfallpatienten verhindert und Leben gerettet werden. Die gleiche medizinische Verfahrensweise wird inzwischen auf der ganzen Welt als Standardprozedur bei der Behandlung von Unfallpatienten angewendet. Dr. Tom Shires und Dr. Baxter hätten eigentlich für diesen wichtigen Durchbruch den ersten Nobelpreis am Parkland Hospital bekommen sollen.

Nachdem Dr. Baxter und ich unsere Hände gereinigt hatten, betraten wir den OP, und Dr. Baxter sang laut die Titelmelodie einer Werbung für Cornflakes, die er beim Fernsehen mit seinen Söhnen aufgeschnappt hatte. Die Schwestern brachen sofort in Gelächter aus, und alle Spannung, die vorher im Raum fühlbar gewesen sein mochte, verflüchtigte sich. Es liegt auf der Hand, warum Dr. Baxter der beliebteste Arzt in Parkland war.

Wir trugen Schuhe mit Kupferstreifen, und die Schwestern vermieden Nylonunterwäsche, eine Vorsichtsmaßnahme, damit eine statische Elektronenentladung oder ein Funke vom Boden nicht den gesamten OP in die Luft jagen konnte. Wir benutzten immer noch Cyclopropangas, ein explosives Narkosemittel.

Während die Schwester Dr. Baxter in die Handschuhe half, fragte er sie, ob sie am vorigen Abend etwas bekommen hätte, er bezog sich auf Sex, und wiederum brachen alle Anwesenden in Gelächter aus. Dann betrat Dr. Kenneth Salyer den OP, der Junior-Assistenzarzt, der uns bei der Operation assistieren sollte. Dr. Salyer hatte an diesem Tag den schwierigsten Job von allen: Er mußte mit einem von Tüchern umwickelten Retraktionsgerät die Leber festhalten, während ich operierte. Glauben Sie mir, zwei Stunden lang diese Leber festzuhalten ist die reine Hölle.

»Chirurgenteam B beginnt die Arbeit«, verkündete ich, als mir Schwester Pat Schrader das Skalpell reichte.

Als ich den Einschnitt rechts unterhalb des Brustkorbs vornahm, sagte Dr. Baxter, daß am Ende alles Bluten aufhören werde; eine sarkastische Anspielung darauf, daß der Patient, während ich die Hauptadern abband, verbluten könnte. Ich habe noch keinen gesehen, der es schnell genug machen konnte, um Dr. Baxters Sarkasmus zu entgehen. Ich hatte durch die Muskelmasse geschnitten und wollte nun das Bauchfell aufschneiden; nachdem ich mich davon überzeugt hatte, daß ich nicht den Darm verletzen würde, was vorkommen kann, wenn er direkt unter dem Bauchfell liegt, schnitt ich das Bauchfell mit einer Schere auf, und die Bauchhöhle lag vor mir.

9 Uhr 00

Hotel Texas – Fort Worth

Präsident Kennedy kehrt zum Hotel zurück, zu einem Arbeitsfrühstück mit der »Chamber of Commerce«, der texanischen Handelskammer. Beim Überqueren der Straße plaudert er mit dem Tarrant County Sheriff Lon Evans. Einige Minuten später jubelt die Menge bei der Ankunft von Jacqueline mit den Agenten des Secret Service. Sie trägt ein rosa Kostüm mit blauen Rüschen und einen dazu passenden rosa Hut. Der Präsident sieht verärgert aus, weil sie so viel Aufmerksamkeit erregt.

Zur selben Zeit wartet der ehemalige Vizepräsident Richard Nixon am Flughafen Love Field auf seinen Flug aus Dallas. Er war angeblich in der Stadt, um an einer Vorstandsversammlung der Pepsi Cola Company, die von seiner Kanzlei vertreten wird, teilzunehmen. Später wird er aussagen, daß er vom 20. bis 21. November 1963 in Dallas war, nicht jedoch am Tag des Attentats. Nixon und der verurteilte Watergate-Einbrecher und CIA-Agent E. Howard Hunt sind die einzigen Männer, die sich in den folgenden Jahren nicht erinnern können, wo sie sich zum Zeitpunkt des Attentats aufgehalten haben.

9 Uhr 30

Dallas

Der Nachtclubbesitzer Jack Ruby steht auf und begibt sich ins Zentrum von Dallas. Ruby, der unter dem Namen Jakob Rubenstein im Jahre 1911 in Chicago geboren wurde, war ein Botenjunge von Al Capone, dem Mafiaboß. Rubys Aktivitäten im Dunstkreis der Mafia gingen weiter, als er 1947 nach Dallas zog. Vor Rubys Umzug versuchte die Chicagoer Mafia den Sheriff zu bestechen und die Kontrolle über das Glücksspiel, die Prostitution und andere Laster zu bekommen. Ruby sollte diese kriminellen Aktivitäten leiten und als Bindeglied zur Mafia von Chicago fungieren. Im Jahre 1952 kauften Ruby und zwei Partner das »Bob Wills Ranch House« und nannten es »Vegas Club«. 1959 erstanden Ruby und ein anderer Partner einen Privatclub im Zentrum von Dallas. Ein Jahr später hieß das Etablissement »Carousel Club« und begann Striptease-Tänzerinnen auftreten zu lassen. Zur selben Zeit wurde Ruby auch Kon-

taktmann des FBI, eine Tatsache, die der amerikanischen
Öffentlichkeit fast zehn Jahre lang verschwiegen worden
war.

Die Warren-Kommission bestritt eine Verbindung
Rubys zur Mafia, trotz erdrückender Beweise, die später
von einem Komitee des Kongresses bestätigt wurden.

Julius Hardie, Angestellter einer ortsansässigen Ver-
triebsfirma für Elektrogeräte, fährt in Richtung Osten und
nähert sich der Dealey-Plaza-Unterführung. Wie es seine
Gewohnheit war, wenn er sich in der Gegend befand, versuchte er seinen Schwiegervater zu sehen, der häufig in der
Nähe der Gleise arbeitete. Er sah drei Männer auf der
Unterführung, zwei von ihnen trugen »lange Pistolen«. Hardie rief nach dem Attentat die Ermittlungsbehörden an, und
zwei FBI-Agenten statteten ihm einen Besuch ab. Er erzählte seine Geschichte, doch er hörte nie wieder etwas von
ihnen.

In den FBI-Akten findet sich kein Bericht über diesen
Vorfall.

10 Uhr 14

Hotel Texas – Fort Worth

Präsident Kennedy und Jackie kehren in ihre Hotelsuite
zurück. Der Präsident ruft den ehemaligen Vizepräsidenten
John Nance Garner an und beglückwünscht ihn zum neun-
undfünfzigsten Geburtstag. Minuten später wird ihm die
ganzseitige Anzeige in den »Dallas Morning News« gezeigt,
in der seine Administration und er selbst aufs schärfste
attackiert werden.

Parkland Hospital – Dallas

»Halten Sie mir die gottverdammte Leber aus dem Weg!«
schrie ich den Junior-Assistenzarzt an. Dr. Salyers Hand ist

bereits müde, weil er ständig Druck auf das Bauchinnere ausüben muß. Die Operation verlief reibungslos, und der Zustand des Patienten war stabil. Während ich weiterarbeitete, fragte ich Dr. Baxter, ob er früher gehen würde, um sich Kennedys Parade anzusehen. Doch Dr. Baxter schüttelte den Kopf und erwiderte, daß er »diesen Hurensohn« nur zu Gesicht bekommen würde, wenn er durch den Hintereingang des Hospitals käme. Der Hintereingang war der Eingang zur Notaufnahme, und Dr. Baxter war der leitende Chirurg der Unfallstation.

Seine Bemerkung über den Präsidenten der Vereinigten Staaten war nicht so respektlos, wie es den Anschein hat, denn Dr. Baxter nannte jeden einen Hurensohn. Er gebrauchte diesen Ausdruck als Attribut für jeden Menschen oder Gegenstand.

Dr. Baxter fuhr in der Unterhaltung fort und fragte mich, ob ich glaubte, daß Jacqueline ebenso klug sei, wie sie schön war (und immer noch ist). Ich antwortete im Stil Baxters: »Wenn das so ist, dann ist der Präsident der glücklichste Hurensohn auf Erden.«

10 Uhr 30

Dallas

Im Büro des Dallas County Sheriff Department, Ecke Main und Houston Street mit Blick auf die Dealey Plaza, hat der altgediente Sheriff Bill Decker seine Untergebenen um sich versammelt.

Er ordnet an, daß sie draußen vor dem Gebäude bleiben sollen, schärft ihnen jedoch ein, absolut nichts zur Sicherung des Präsidentenkonvois zu unternehmen.

Berichten zufolge erhielt Decker diesen ungewöhnlichen Befehl via Telefon von einer unbekannten (!) Quelle in Washington.

10 Uhr 40

Hotel Texas – Fort Worth

Präsident Kennedys Konvoi verläßt das Texas Hotel in Richtung der Carswell Air Force Base. Der Flug nach Dallas wird dreizehn Minuten dauern.

10 Uhr 50

Dealey Plaza – Dallas

Die dreiundzwanzigjährige Julie Ann Mercer fährt in westlicher Richtung auf der Elm Street und überquert die Dealey Plaza, ein kleines parkähnliches Gelände westlich der Innenstadt, und fährt am Texas School Book Depository vorbei in Richtung der Unterführung. Vor ihr blockiert ein Lieferwagen die rechte Fahrbahn.

Der Wagen ist verkehrswidrig geparkt; mit den rechten Rädern steht er auf dem Bürgersteig, und die linke Seite blockiert den Fahrstreifen.

Während Julie Mercer hinter dem Fahrzeug darauf wartet, daß sie vorbeifahren kann, beobachtet sie, wie ein Weißer in einem karierten Hemd auf der Beifahrerseite des Wagens aussteigt und zu einem an der Seite des Lasters befestigten Werkzeugkasten geht. Er nimmt etwas heraus, das aussieht wie ein in Packpapier gewickeltes Gewehr, und steigt die grasbewachsene Böschung in Richtung eines Holzzauns hinauf.

Endlich kann die Zeugin den Laster überholen; dabei trifft ihr Blick den des Fahrers.

Julie Mercer gab später an jenem Tag, nach dem Attentat, im Büro des Sheriffs eine eidesstattliche Erklärung ab. Sie war von uniformierten Beamten sowie von Männern in Zivilkleidung, die sie für FBI-Agenten hielt, mehrere Stunden lang verhört worden.

60

Früh am nächsten Morgen erschienen FBI-Agenten vor ihrer Haustür und baten sie, mit ins Präsidium zu kommen. Im Büro des Sheriffs wurde ihr ungefähr ein Dutzend Fotografien vorgelegt, und sie sollte diejenigen heraussuchen, auf denen sie die Männer vom Vortag wiedererkannte. Sie wählte zwei Fotos aus, wurde aber über die Identität der darauf abgebildeten Männer im dunkeln gelassen.

Am darauffolgenden Tag, einem Sonntag, sieht Julie Mercer einen Fernsehbericht von Oswalds Erschießung und identifiziert sofort Ruby als Fahrer des Lastwagens und Oswald als den Mann mit dem Gewehr – es sind dieselben Männer, deren Fotografien sie aus der FBI-Kartei ausgewählt hatte.

Als die Warren-Kommission die Beobachtungen von Julie Mercer überprüft, sagt der Secret-Service-Agent Forrest Sorrels aus, er sei der Information nicht weiter nachgegangen, da »die Lady sagte, sie hätte jemanden gesehen, der etwas in der Hand hielt, das wie eine Gewehrhülle aussah. Ich habe dann diese Spur nicht weiter verfolgt, denn mir wurde gesagt, sie hätten das Gewehr und die Patronenhülsen und das alles im Texas School Book Depository gefunden«.

Parkland Hospital – Dallas

Die Operation war zu Ende, und dem Patienten ging es gut. Ich war guter Laune, denn in ein paar Stunden würde ich nach Hause gehen.

Wir machten den Unterleib wieder zu, indem wir sorgfältig die Muskeln Schicht für Schicht vernähten, bis wir die Oberfläche des Bauches erreicht hatten. Da er den kritischen Teil der Operation hinter sich hatte, wollte Dr. Baxter bald hinaus und eine Zigarette rauchen.

Während der zweistündigen Operation waren in der Notaufnahme mehr als zwanzig Patienten behandelt worden.

11 Uhr 03

Honolulu

Sechs Kabinettsmitglieder des Präsidenten verlassen Honolulu in Richtung Japan. Am Vortag hatten sich weitere Mitglieder aus dem Kabinett zu einer neunstündigen Konferenz über Vietnam in Honolulu eingefunden. Diese Gruppe hochrangiger Politiker und Militärs hatte beschlossen, die Militäraktionen gegen die kommunistischen Rebellen in dem südostasiatischen Land auszuweiten, und dieses Vorhaben stand in direktem Widerspruch zum Entschluß des Präsidenten, die Zahl der dort stationierten US-Truppen zu reduzieren.

Es ist höchst ungewöhnlich, um nicht zu sagen absolut unerhört, daß sich jemals so viele Kabinettsmitglieder des Präsidenten außerhalb der Hauptstadt befanden.

Parkland Hospital – Dallas

Nachdem wir den Schnitt vernäht und den Bauch verbunden hatten, wurde der Patient in den Ruheraum gebracht. Ich trank einen Kaffee und rauchte eine Zigarette mit Dr. Baxter. Dann ging ich den Flur hinunter in den Ruheraum, um postoperative Maßnahmen anzuordnen und mich davon zu überzeugen, daß der Zustand des Patienten immer noch stabil war.

Love Field – Dallas

Jesse Curry, der Polizeichef von Dallas, empfängt den Präsidenten am Flughafen. Der Präsident ist beeindruckt. »Das sieht nicht aus wie eine Anti-Kennedy-Demonstration.«

Fünf Minuten später verläßt die Limousine den Flughafen in Richtung Innenstadt. Der Fahrer des Wagens ist der Secret-Service-Agent William Greer. Der Gouverneur Connally und seine Frau Nellie sitzen hinter dem Fahrer, während der Präsident und Jacqueline auf der Rückbank Platz genommen haben. Unmittelbar hinter dem Fahrzeug folgt der Wagen des Secret Service mit zehn Leibwächtern. Der Vizepräsident Lyndon Johnson und der Senator Ralph Yarborough sitzen in einer offenen Limousine hinter dem Wagen des Secret Service.

Parkland Hospital – Dallas
Nachdem die Arbeit im Ruheraum getan ist, gehe ich über den Flur zurück in die Kantine, um eine Tasse Kaffee zu trinken und Dr. Baxter für seine Unterstützung bei der Operation zu danken.

12 Uhr 00

Verlagsgebäude der »Dallas Morning News« – Dallas
Der Reporter Hugh Aynesworth beobachtet Jack Ruby im Verlagsgebäude der »Dallas Morning News«. Ruby benutzt später die Aussagen von Aynesworth und anderen Verlagsmitarbeitern als Alibi. Aynesworth sagt jedoch drei Tage nach dem Attentat gegenüber dem FBI aus, Ruby sei dort zwar gesehen, aber für einen Zeitraum von zwanzig bis fünfundzwanzig Minuten vermißt worden. Weiter sagt er aus, weder er noch einer seiner Kollegen wüßten, »wohin Ruby gegangen ist. Kurz nach Rubys Verschwinden stürmten Leute in das Gebäude und sagten, daß Präsident John F. Kennedy einem Attentat zum Opfer gefallen sei; Ruby kam kurz darauf zurück und nahm die Nachricht mit gespieltem Entsetzen auf«. Aynesworth gab weiterhin folgendes zu Protokoll: »Angesichts der Tatsache, daß das Verlagsgebäude der ›Dallas Morning News‹ nur vier Straßen von dem Punkt entfernt liegt, an dem der Konvoi vorbeifuhr, konnte ich nicht verstehen, daß Ruby, wenn er den Präsidenten wirklich so liebte und verehrte, wie er immer behauptete,

nicht die paar Schritte gegangen ist, um den Präsidenten vorbeifahren zu sehen.«

Dealey Plaza – Dallas

Während sich der Konvoi weiter in Richtung Trade Mart fortbewegt, geschehen auf der Dealey Plaza verdächtige Dinge.

Der Eisenbahnkontrolleur Lee Bowers Jr. beobachtet von seinem Aussichtsturm hinter dem Holzzaun der Dealey Plaza drei Fahrzeuge mit fremden Kennzeichen, die langsam in der Gegend Runden drehen. Hinter dem Steuer jedes Wagens sitzt ein Weißer, von denen einer in ein Handmikrophon zu sprechen scheint.

Ed Hoffman hat sich für einen Zahnarztbesuch freigenommen; als er sieht, daß er sich in der Nähe der Parade befindet, stellt er seinen Wagen auf dem Stemmons Freeway westlich des Texas School Book Depository ab, in der Hoffnung, von dort einen Blick auf den Präsidenten werfen zu können.

Von diesem Aussichtspunkt kann er das Gelände hinter dem Holzzaun einsehen, und er beobachtet dort zwei Männer, die etwa einen Meter voneinander entfernt über den Zaun sehen.

Carolyn Walther verbringt ihre Mittagspause (sie arbeitet in einer nahegelegenen Textilfabrik) im Freien vor dem Dallas County Records Building; schräg gegenüber liegt das Texas School Book Depository. Im äußersten Fenster an der Südwestseite des Gebäudes im sechsten Stock beobachtet sie zwei Männer, von denen einer ein Gewehr trägt. Auch der Schüler Arnold Rowland, der nur wenige Schritte südlich von Frau Walther steht, bemerkt den Mann mit dem Gewehr dort. Währenddessen ist Richard Carr, ein arbeitsloser Stahlarbeiter, im siebten Stock des neuen Gerichtsgebäudes, das Ecke Houston, Commerce Street gebaut wird, auf der Suche nach einem Job; auch er bemerkt zwei

Männer im sechsten Stock des Texas School Book Depository.

12 Uhr 15

Dealey Plaza – Dallas

Es dauert noch etwa fünfzehn Minuten bis zur Ankunft des Konvois. Jerry Belknap, der in Army-Kleidung auf der Westseite der Houston Street steht, wird plötzlich ohnmächtig.

Ein Krankenwagen wird herbeigerufen, der den Dreiundzwanzigjährigen, der halbtags in einem Zeitungsverlag arbeitet, in das nächste Krankenhaus bringen soll.

Zehn Minuten später (und fünf Minuten vor dem Attentat) wird C. L. Bronson Zeuge, wie der Rettungswagen ankommt, um Belknap zu holen. Von seinem Standpunkt Ecke Main Street und Houston Street aus filmt er mit seiner Hobbykamera den Menschenauflauf und nimmt dabei im Hintergrund unabsichtlich auch die Bewegungen von zwei, möglicherweise drei Männern im sechsten Stock des Texas School Book Depository auf.

Belknap wird ins Parkland Hospital gebracht, verschwindet jedoch, bevor er behandelt werden kann. Seine Personalien sind niemals überprüft und Bronsons Film ist niemals untersucht worden.

Parkland Hospital – Dallas

Nachdem ich noch einen von Dr. Baxters uralten Witzen angehört hatte, trank ich meinen Kaffee aus und betrat durch die Schwingtüren die chirurgische Abteilung. Ich nahm einige Patientenakten, betrat das Ärztezimmer neben der Schwesternstation, setzte mich an den Schreibtisch, notierte einige Anweisungen. Ich kann mich noch erinnern, wie aufgekratzt ich dabei war, denn ich wußte, daß ich den Rest des Tages frei haben würde.

12 Uhr 25

Texas School Book Depository

Carolyn Arnold, eine Angestellte des Book Depository, sieht Oswald im Erdgeschoß beim Vordereingang des Gebäudes.

12 Uhr 29

Im Konvoi – Dallas

Geneva Hine, die einzige Angestellte in den Büros im zweiten Stock des Texas School Book Depository, bemerkt den Ausfall der Stromversorgung und der Telefonverbindung.

Kanal 1 der Polizei von Dallas, der für diejenigen Beamten reserviert wurde, die am Personenschutz des Präsidenten beteiligt sind, verstummt plötzlich.

Die Limousine des Präsidenten passiert das Dallas County Courthouse, und die Kolonne fährt auf der Houston Street in nördlicher Richtung weiter. Überall auf der Straße und in den Fenstern der umliegenden Häuser stehen winkende und jubelnde Menschen.

Die Limousine fährt auf das Texas School Book Depository zu, und Nellie Connally dreht sich zum Präsidenten um und sagt: »Mr. Kennedy, Sie können nicht behaupten, daß Dallas Sie nicht liebt!«

Natürlich wurde der Präsident nicht von allen Bürgern dieser Stadt geliebt, wie es wohl keine Stadt von sich sagen könnte. Die Stadt Dallas jedoch wurde ungerechtfertigterweise für die Rolle verdammt, die sie beim Tode Präsident Kennedys gespielt haben soll. Selbstverständlich gab es in Dallas radikale Elemente, doch die Wahl der Stadt als Schauplatz des Attentats war reiner Zufall. Die Mörder des Präsidenten waren fest entschlossen, ihn umzubringen, ob in Chicago, Miami, Dallas oder sonstwo. Sie waren »auf dem Sprung«.

12 Uhr 30

Im Konvoi – Dallas

Die Limousine des Präsidenten macht eine Kurve in westliche Richtung, vorbei am Texas School Book Depository zur Rechten, und fährt langsam die Elm Street in Richtung des Stemmons Expressway hinunter. Sekunden später krachen Schüsse. Der Präsident greift sich mit beiden Händen an die Kehle. Gouverneur Connally wirft einen entsetzten Blick nach hinten. Die umstehenden Zuschauer beobachten mit namenlosem Grauen, wie der Kopf des Präsidenten zu explodieren scheint, als ein Geschoß seinen Schädel zerfetzt. Die Menschen laufen schreiend auseinander, werfen sich über ihre Kinder und über Menschen, die sie lieben, um sie vor dem Kugelhagel zu beschützen. Jacqueline klettert auf das Heck der Limousine auf der Suche nach einem Stück vom Schädel ihres Mannes. Der Secret-Service-Agent Clint Hill, der in unmittelbarem Abstand gefolgt ist, springt auf den Kofferraum und schubst sie auf die Rückbank, während der Wagen zum Parkland Hospital rast.

Der Klempner Howard Brennan und der fünfzehnjährige Amos Euins sehen von ihrer Position auf der Südseite der Elm Street aus, wie ein Mann aus dem östlichsten Fenster des sechsten Stocks des Texas School Book Depository, genau vor ihnen, Schüsse abgibt. S.M. Holland, Streckenwärter und Signalkontrolleur der Eisenbahn, und mehrere Kollegen stehen auf der Unterführung über der Elm Street und sehen, wie auch Lee Bowers im nahegelegenen Eisenbahnturm, in der Gegend des Holzzauns Rauchwolken aufsteigen. Cheryl McKinnon, eine Journalistikstudentin, die über den Besuch des Präsidenten schreiben will, sieht von ihrem Standort auf der Nordseite der Elm Street die Rauchwolken, ebenso die Lehrerin Jean Hill, die genau gegenüber auf der anderen Seite der Straße steht. Von seinem Beobachtungspunkt auf dem Stemmons Expressway sieht Ed

Hoffman, wie ein Mann über den Holzzaun hinweg ein Gewehr auf den sich nähernden Konvoi abfeuert.

Der Schneider Abraham Zapruder filmt die Ermordung des Präsidenten mit einer Hobbykamera, wobei er auf einem niedrigen Betonsockel nördlich der Elm Street in der Nähe des Holzzauns steht. Er hört Schüsse hinter sich, und entsetzt beobachtet er, wie der Kopf des Präsidenten in einer Fontäne von Blut und Hirnteilen explodiert und sein Körper von der Wucht der Kugel nach hinten und nach links geschleudert wird. (Der Zapruder-Film ist von entscheidender Bedeutung. Er dokumentiert die Reaktion des Präsidenten auf die Schüsse, die in jenen schicksalhaften Sekunden auf ihn abgefeuert wurden. Zapruder filmte, wie der Körper des Präsidenten mit einer geschätzten Geschwindigkeit von zwanzig bis dreißig Metern pro Sekunde nach hinten geschleudert wird. Diese ruckartige Bewegung stimmt mit einem Schuß vom Holzzaun – nicht vom Texas School Book Depository – auf seine rechte Körpervorderseite überein.

Die Nachtclubsängerin Beverly Oliver steht auf der Südseite der Elm Street gegenüber vom Holzzaun und filmt das Attentat mit einer Acht-Millimeter-Kamera. Auch sie sieht Rauchwolken aus der Richtung des Zauns. Leider wurde dieses wertvolle Filmdokument von Männern beschlagnahmt, die sich als Regierungsbeamte ausgaben. Der Film ist nie wieder aufgetaucht. Eine Filmaufnahme von ihrem Beobachtungspunkt aus – mit dem Holzzaun und dem Texas School Book Depository genau zum Zeitpunkt der Schüsse – wäre wohl die aufschlußreichste Dokumentation des Attentats gewesen.

Im ganzen gab es etwa siebenhundert Zeugen des Attentats, von denen zweihundertsiebenundsiebzig identifiziert wurden. Einhundertsieben von ihnen haben zu den Schüssen auf den Präsidenten ausgesagt. Fünfundsiebzig Prozent, nämlich siebenundsiebzig der einhundertsieben, sagten aus, daß mindestens ein Schuß von vorne rechts auf den Präsidenten abgefeuert wurde – aus der Richtung des Holzzauns. Die Warren-Kommission hat zwar mit Nachdruck erklärt, daß alle Schüsse aus dem sechsten Stock des Texas School Book Depository, also von rechts hinten, abgefeuert worden seien, doch die Mehrzahl der Zeugen widerspricht dieser Folgerung.

Der Bauingenieur J.C. Price befindet sich auf dem Dach des Terminal-Annex-Gebäudes auf der Südseite der Dealey Plaza. Er beobachtet einen Mann, der vom Holzzaun wegrennt. Price sagte aus, der Mann habe etwas in seiner rechten Hand getragen und sei sehr schnell gerannt, was in ihm den Verdacht erweckt habe, er sei der Schütze gewesen.

Richard Carr befindet sich immer noch im siebten Stock des neuen Gerichtsgebäudes. Nach der Schießerei sieht er zwei Männer hinter dem Texas School Book Depository weglaufen. Sie steigen in einen wartenden Jeep und rasen in nördlicher Richtung auf der Houston Street davon. Der zwanzigjährige James Worrell Jr. wird an der Ecke Elm Street und Houston Street Zeuge des Attentats. Er gerät in Panik und rennt in nördlicher Richtung die Houston Street hinauf. Dort sieht er, wie ein Mann aus dem Hintereingang des Texas School Book Depository kommt und eilig die Houston Street in südlicher Richtung hinuntergeht. In der Zwischenzeit sieht die Lehrerin Jean Hill, die soeben Zeugin wurde, wie der Kopf des Präsidenten nur wenige Meter von ihr entfernt zerfetzt wurde, einen Mann vom Gelände beim Holzzaun wegrennen. (In ihrer Zeugenaussage vor der Warren-Kommission im Jahre 1964 sagte sie aus, der fliehende Mann habe ausgesehen wie Jack Ruby.) Sie läuft schnell über die Straße, um ihn zu verfolgen, wird dabei jedoch von einem Mann gestoppt, der sich als Secret-Service-Agent ausweist und ihr verbietet weiterzugehen. Jean Hill ist eine von mehreren Zeugen, die in dieser Gegend mit

Männern zu tun bekamen, die sich als Secret-Service-Agenten auswiesen.

Einige Schritte westlich von Jean Hills Standort läßt sich Malcolm Summers, Inhaber eines Kurierdienstes, zu Boden fallen, als er die Schüsse hört. Dann steht er auf und geht über die Elm Street in Richtung des Holzzauns. Ein Mann im Anzug, einen Mantel über seinem Arm, hält ihn auf und zeigt ihm eine kleine, automatische Pistole, die er unter dem Mantel versteckt in der Hand hält. Er sagt zu Summers: »Kommen Sie bloß nicht weiter hier herauf. Sie könnten erschossen werden.«

Der Polizeibeamte Joe Smith leitet auf der Kreuzung von Elm Street und Houston Street den Verkehr um, als die Schüsse fallen. Er nimmt an, die Schüsse seien vom Holzzaun oder von oberhalb der Unterführung gekommen, und rennt am Depository vorbei in diese Richtung. Auch er sieht sich auf einmal Auge in Auge mit einem Mann, der sich als Secret-Service-Agent ausgibt. Augenblicke später beobachtet der Polizei-Sergeant D.V. Harkness, der das Gelände abriegeln hilft, mehrere »gut bewaffnete« Männer im Anzug, die angeben, sie seien Secret-Service-Agenten.

Die Gegenwart von Secret-Service-Agenten in der Nähe eines öffentlichen Auftritts des Präsidenten ist zwar nicht weiter ungewöhnlich, doch den Berichten zufolge steht fest, daß keiner der achtundzwanzig in Dallas anwesenden Agenten am Schauplatz des Verbrechens zu Fuß unterwegs war, weder vor dem Attentat noch danach. Alle den Konvoi begleitenden Agenten fuhren mit ins Parkland Hospital, und nur ein einziger kehrte später am Nachmittag zur Dealey Plaza zurück.

Parkland Hospital – Dallas
Ich ordnete gerade zusätzliche Laboruntersuchungen bei einem Patienten mit postoperativen Komplikationen an, als

eine Schwester vorbeikam und mich grüßte. Ich grüßte zurück, und sie ging weiter.

12 Uhr 31

Dealey Plaza – Dallas

Von seinem Standort auf dem Stemmons Expressway aus beobachtet Ed Hoffman, wie der Heckenschütze hinter dem Holzzaun in westlicher Richtung davonläuft, das Gewehr einem anderen Mann übergibt und dann langsam in der entgegengesetzten Richtung davongeht. Der Mann, der die Waffe in Empfang genommen hat, zerlegt sie in ihre Einzelteile, packt diese in einen Koffer und bewegt sich langsam in nördlicher Richtung entlang der Bahngleise. Auch er verschwindet.

Der Polizei-Sergeant Tom Tilson hat dienstfrei und sitzt mit seiner Tochter im Wagen unmittelbar westlich der Unterführung. Ein paar Minuten sind seit den Schüssen vergangen. Sie beobachten, wie ein dunkel gekleideter Mann die Böschung bei den Bahngleisen herunterkommt und auf ein schwarzes Auto zugeht. Er wirft irgend etwas auf den Rücksitz, steigt eilig ein und rast in westlicher Richtung davon. Tilson und seiner Tochter kommt das verdächtig vor, und sie verfolgen den Wagen, verlieren ihn aber im dichten Verkehr. Tilson gibt an, der Mann habe wie Jack Ruby ausgesehen.

12 Uhr 32

Texas School Book Depository

Unmittelbar nach den Schüssen rennen der Hausmeister Roy Truly und der Polizeibeamte M.L. Baker in das Gebäude des Texas School Book Depository, wo sie Oswald in der

Kantine im zweiten Stock bei einer Cola antreffen. Seit dem letzten Schuß sind ungefähr neunzig Sekunden vergangen. Oswald wirkt ruhig und keineswegs ängstlich. Die Warren-Kommission kommt später zu dem ziemlich unlogischen Schluß, daß das der Mann ist, der gerade einen der mächtigsten Männer der Welt umgebracht, dann die Waffe versteckt hat, vier Stockwerke hinuntergerast ist und sich ein Getränk aus dem Automaten gezogen hat, um dann lässig – noch nicht einmal außer Atem – einen Polizisten zu begrüßen, und das alles in neunzig Sekunden.

12 Uhr 33

Washington, D.C.

Das Telefonnetz der Hauptstadt bricht zusammen und bleibt fast eine Stunde lang tot.

Kurze Zeit später erreicht die Kabinettsmitglieder an Bord der Militärmaschine nach Japan per Telex die Nachricht, daß Schüsse auf den Präsidenten abgegeben worden seien. Nach einem besonderen Verfahren für einen solchen Notfall versuchten die Regierungsbeamten das Weiße Haus anzurufen. Doch der Versuch anzurufen scheiterte, da das offizielle Code-Buch nicht an seinem speziellen Platz an Bord des Flugzeugs war.

12 Uhr 37

Parkland Hospital – Dallas

Das Telefon klingelt im Schwesternzimmer der Unfallstation. Die Polizei von Dallas informiert Doris Nelson, die Oberschwester der Notaufnahme, daß Präsident Kennedy angeschossen worden sei und sich auf dem Weg ins Krankenhaus befinde. Doris Nelson gibt dem Personal sofort

Anweisung, den Not-OP 1 für die Ankunft des Präsidenten vorzubereiten.

12 Uhr 38

Parkland Hospital – Dallas

Ich war gerade damit fertig, meine Anordnungen auf der ersten Patientenakte zu notieren, als ich über die Sprechanlage des Hospitals das Unglaubliche hörte:»Dr. Tom Shires, bitte melden! Dr. Tom Shires, bitte melden!« sagte die aufgeregte Stimme. Ich war schockiert und konnte einfach nicht glauben, daß ich es wirklich gehört hatte, denn es gab zwei Dinge, die im Parkland Hospital niemals vorkamen – Gesichtslifting und daß der Chef der chirurgischen Abteilung über das Interkom-System ausgerufen wurde. Wenn jemand Dr. Shires brauchte, wurde ein Bote geschickt. Es erschreckte mich, seinen Namen aus dem Lautsprecher an der Decke des Zimmers zu hören, und ich fürchtete, einer von Dr. Shires Patienten, die während seiner Abwesenheit mir anvertraut worden waren, könnte an oberer gastrointestinaler Hämorrhagie leiden. Ich hob sofort den Hörer ab und wählte »0«, um den Anruf zu beantworten.

»Mert, hier spricht Dr. Crenshaw. Dr. Shires ist verreist. Was brauchen Sie?«

»Dr. Crenshaw, der Präsident ist niedergeschossen worden!«

Nach einem Augenblick ungläubigen Schweigens sagte ich:»Wenn Sie mich anlügen, bringe ich Sie um.«

»Dies ist kein Scherz, Dr. Crenshaw.«

Mert war eine rundliche Frau Mitte Fünfzig, die den anderen gerne Streiche spielte, doch ich konnte an der Panik in ihrer Stimme hören, daß sie es ernst meinte.

Es überlief mich eiskalt bei dem Gedanken, daß ich in der Notaufnahme den Präsidenten der Vereinigten Staaten behandeln würde. Wenn es für mich jemals irgendeinen Zweifel an meiner Berufung zum Chirurgen gegeben hatte, in diesem Augenblick wurde er ein für allemal beseitigt.

Ich knallte den Hörer auf, sprang von meinem Stuhl auf und rannte durch die Schwingtür der chirurgischen Abteilung zu der Treppe, die in die Notaufnahme zwei Stockwerke tiefer führte. Dr. Robert McClelland stand im Gang und studierte die Anschlagstafel direkt gegenüber der Kantine. Als er mich heranjagen sah, blickte er mit verblüfftem Gesicht auf.

»Bob!« rief ich und lief auf ihn zu. »Der Präsident ist niedergeschossen worden; du mußt sofort mitkommen!«

Seine Verblüffung verwandelte sich in Fassungslosigkeit, als er das hörte. Ohne meinen Schritt zu verlangsamen, packte ich ihn und schleifte ihn mit, bis er neben mir herrannte. Wir sprinteten an den Operationszimmern und am Konferenzraum der Anästhesisten vorbei ins Treppenhaus. Dr. Ken Salyer hatte aus unserem ungewöhnlichen Verhalten auf einen dringenden Notfall geschlossen und war uns in die Notaufnahme gefolgt. Er sagte mir später, dies sei das einzige Mal gewesen, daß er Dr. McClelland oder mich irgendwo habe hinrennen sehen.

Zwei Agenten des Secret Service platzten durch die Schwingtüren in die Notaufnahme und verlangten nach Tragbahren für den Präsidenten und für Gouverneur Connally. Dr. Bill Midget, ein Assistenzarzt der gynäkologischen Abteilung im zweiten Jahr, der Marina Oswalds Baby am 20. Oktober 1963, nur etwa einen Monat zuvor und zwei Tage vor Oswalds Geburtstag, entbunden hatte, war der erste Arzt, der den Präsidenten außerhalb der Notaufnahme sah. Nur einige Augenblicke später wurde Präsident Kennedy, Jacqueline an seiner Seite, von Dr. Midget und einigen Schwestern in den Not-OP 1 gerollt. Der Präsident wurde um 12 Uhr 38 als Patient Nr. 24740 in der Kartei registriert, Gouverneur Connally als Patient Nr. 24743, was darauf hindeutet, daß während der Behandlung Kennedys auch andere Patienten in die Unfallstation aufgenommen und dort behandelt wurden.

Während ich neben Dr. McClelland mit großen Sätzen die Treppe hinunterhastete, hatte ich schreckliche Angst davor, der einzige Assistenzarzt im Raum zu sein. Ich wußte es zu diesem Zeitpunkt noch nicht, aber Bob hatte denselben Gedanken; er fürchtete, der einzige Oberarzt zu sein.

McClelland fragte mich schwer atmend, was geschehen sei. Ich kann mich erinnern, wie bei jedem Schritt Münzen in seinen Taschen klimperten.

»Ich weiß es nicht. Ich habe den Aufruf von Shires übernommen, und Mert hat mir gesagt, daß Kennedy angeschossen worden ist.«

Unten an der Treppe stießen wir die Tür auf und betraten die Unfallstation. Es herrscht dort immer einige Hektik, doch in diesem Augenblick glich die Notaufnahme einem Irrenhaus. Wir hetzten an der Schwesternstation vorbei, und ich schrie: »Welcher OP?« Eine Schwester mit tränenüberströmtem Gesicht hob einen Finger.

Ich blickte nach links und sah einen Mann in einem Anzug vorbeirennen. Zu meinem Erstaunen versperrte ihm ein anderer Mann den Weg und schmetterte ihm eine Thompson-Maschinenpistole gegen Brust und Kopf. Sofort wurden die Augen des ersten Mannes glasig, er fiel gegen die graue, gekachelte Wand und rutschte bewußtlos zu Boden. Als ich hörte, wie die Waffe in sein Gesicht krachte, wußte ich, daß sein Kiefer gebrochen war. Normalerweise wäre ich sofort hingerannt und hätte den armen Kerl verarztet, doch der Präsident der Vereinigten Staaten brauchte meine Hilfe, und seine Verletzungen waren schlimmer als ein paar Knochenbrüche. Später erfuhr ich, daß der Mann mit der Maschinenpistole ein Secret-Service-Agent war und der Mann mit dem gebrochenen Kiefer ein FBI-Agent. Die Unfallstation glich einem gottverdammten Irrenhaus:

schreiende Menschen, die wild durcheinanderliefen; jeder verdächtigte jeden; der völlige Wahnsinn, man kann es nicht anders beschreiben. Ich drehte mich um und lief zum Not-OP 1. Auf dem Weg dorthin sah ich Lyndon Johnson, wie er gerade in eine der ambulanten Kabinen, die hinter der Schwesternstation lagen und nur durch Vorhänge voneinander abgetrennt waren, gebracht wurde. Sein Gesicht war aschgrau, und er hielt sich die Brust. Er hatte erst kürzlich einen Herzinfarkt gehabt, und ich fürchtete, er werde noch einen bekommen. Hinter ihm stand ein weinender Ralph Yarborough.

12 Uhr 40

Dealey Plaza – Dallas

Der Streifenpolizist J.W. Foster verläßt seinen Standort oberhalb der Unterführung und geht zu dem Gelände am Holzzaun. In der Nähe der Stelle, von der Zeugen, während die Schüsse fielen, Rauchwolken aufsteigen sahen, entdeckt er Fußspuren und Zigarettenkippen. Er geht weiter um den Zaun herum auf einen Gully zu, bei dem sich Augenzeugen versammelt haben und wo der Boden aufgerissen ist. Der Deputy Sheriff E.R. Walther und ein nicht identifizierter Mann im Anzug, der einen Mantel über dem Arm trägt, schließen sich ihm an. Der Mann im Anzug wird später von Jesse Curry, dem Polizeichef von Dallas, als FBI-Agent identifiziert, der sich jedoch weigert, seinen Namen zu nennen. Während Foster in der Nähe des Gullys in die Hocke geht und auf das Fenster im sechsten Stock des Texas School Book Depository zeigt, hebt der »FBI-Agent« eine leere Patronenhülse auf, die er auf dem aufgewühlten Boden gefunden hat, dreht sich um, steckt die Hülse in die Hosentasche und verschwindet in der Menge. Der »Agent« ist nie identifiziert worden, und auch die leere Patronenhülse ist nie wieder aufgetaucht.

Einen Augenblick später betraten Bob und ich den Not-OP 1. Zuerst sah ich Jacqueline, die gleich bei der Tür stand und nachdenklich ihre Handtasche knetete; ihr rosa Hut war leicht verrutscht. Sie drehte sich um und blickte mich an, um dann ihre Aufmerksamkeit wieder auf ihren Mann zu richten. Niemals werde ich den Ausdruck auf ihrem Gesicht vergessen. Zorn, Ungläubigkeit, Verzweiflung und Resignation malten sich gleichzeitig darin. »Mein Gott, mein Gott, es ist wahr«, flüsterte ich.

1963 erregten Präsident Kennedy und Jacqueline ebensoviel Aufsehen wie heute Prince Charles und Lady Diana. Ich hatte Berichte in Zeitungen und Illustrierten gelesen, in denen behauptet wurde, daß der Präsident und die First Lady einander nicht mehr liebten und die Ehe nur noch wegen der Präsidentschaft Kennedys aufrechterhalten werde. Angesichts einer menschlichen Tragödie jedoch fällt jede Fassade in sich zusammen, und die wahren Gefühle im Innersten eines Menschen werden offengelegt. In meinen dreißig Berufsjahren habe ich Schmerz und Trauer bei den Angehörigen von Unfallopfern gesehen; niemals jedoch habe ich eine tiefere und echtere Liebe gespürt, als Jacqueline sie gegenüber ihrem sterbenden Mann zeigte.

Jacquelines Kleid und ihr rechtes Bein waren über und über mit trocknendem Blut bedeckt. Ihre vormals weißen Handschuhe waren voller Flecken und fast ganz dunkelrot. Wäre sie nicht aufrecht dagestanden, hätte ich geglaubt, sie sei ebenfalls angeschossen worden.

Als Dr. McClelland und ich näher kamen, sagte Dr. Malcolm Perry, stellvertretender Professor für Chirurgie, daß er und Dr. Jim Carrico, der Arzt, der das Zimmer als erster betreten hatte, bereits einen endotrachealen Schlauch (eine künstliche Atemröhre) in die Kehle des Präsidenten geschoben hätten.

Fassungslos sah ich den Präsidenten der Vereinigten Staaten vor mir liegen. Sein stahlgrauer Anzug und sein Hemd waren blutgetränkt. Doch sogar in dieser Verfassung war sein Charisma im Raum zu spüren. Er war größer, als ich ihn mir vorgestellt hatte, ja, er füllte die Tragbahre völlig aus. Dafür, daß er Zeit seines Lebens kränklich gewesen war, sah der Präsident erstaunlich stark und robust aus – was in Anbetracht seines Erfolges auch zu erwarten war.

Ich stand etwa auf der Höhe der Taille des Präsidenten und betrachtete kurz seine allgemeine Erscheinung. Sein Gesicht war unverletzt und fein gezeichnet. Die Augen standen offen und schauten in verschiedene Richtungen. Die Pupillen bewegten sich nicht, und seine Augen starrten leblos ins Leere. Ich ließ die Hoffnung sinken.

Dann bemerkte ich, daß die gesamte rechte Kopfseite, vom Haaransatz bis weit hinter das rechte Ohr, nicht mehr da war. Teile des Schädels, die nicht weggerissen worden waren, hingen im blutverkrusteten Haar. Ich wußte aufgrund meiner Erfahrung mit Schußwunden am Kopf, daß nur eine Hochgeschwindigkeitskugel aus einem Gewehr einen Schädel in dieser Weise aufspalten konnte. Ein faustgroßes Stück seines Hirns hing wie ein grauer, blutverschmierter Schwamm an einem einzigen Gewebestrang von seinem Hinterkopf.

Immer noch sickerte Blut auf die Tragbahre und tropfte in einen Eimer am Boden, und als ich das sah, sank meine Hoffnung noch weiter. Ich sah auch eine Öffnung von etwa bleistiftgroßem Durchmesser auf halber Höhe seiner Kehle und identifizierte sie als Eintrittsloch einer Kugel. Ich hatte keinen Zweifel an der Ursache dieser Wunde, denn ich hatte in der Notaufnahme schon Dutzende davon gesehen. An diesem Punkt wurde mir klar, daß er mindestens zweimal getroffen worden war.

Andere Ärzte rannten herein, um zu helfen. Dr. Baxter und Dr. Paul Peters, der stellvertretende Professor für Urologie, eilten aus der dem Hospital angegliederten Universität her, und Dr. Salyer war uns aus dem zweiten Stock gefolgt. Instinktiv nahm ich das rechte Bein. Dr. Salyer stand neben mir, um mir zu assistieren. Alle Anwesenden, Ärzte wie Schwestern, wußten genau, was sie zu tun hatten; wir alle hatten diese Prozedur schon Hunderte, ja Tausende von Malen durchgeführt. Aber ich war mir sicher – und ich glaube, jeder der Ärzte im Not-OP 1 hatte denselben Gedanken –, daß der Präsident sofort tot war. Aber verdammt noch mal, er war der Präsident der Vereinigten Staaten, und wir mußten etwas unternehmen. Schließlich waren wir Chirurgen.

Dr. McClelland und Dr. Ron Jones standen an der linken Seite seines Oberkörpers; ihnen gegenüber, an der rechten Rumpfseite, Dr. Baxter und Dr. Peters. Sorgenvoll blickte Dr. Baxter zu mir herüber und schüttelte fassungslos den Kopf. Zweifellos dachte er an seine Bemerkung vom Vormittag, den Präsidenten am Hintereingang des Hospitals zu treffen.

Ich drehte mich um und bemerkte, daß Jacqueline immer noch im OP war. Ich war mir nicht sicher, ob wir irgend etwas tun konnten, um ihren Mann zu retten, aber ich wollte nicht, daß sie mitansah, was wir mit ihm machen würden. »Mrs. Kennedy, ich glaube, Sie gehen besser hinaus«, sagte Dr. Baxter. Ohne ihre Augen von ihrem Mann abzuwenden, drehte sie sich um und ging hinaus und ließ ihn nicht aus den Augen, bis sie durch die Tür nach draußen verschwunden war. Ich war erleichtert.

Als ich mich wieder dem Präsidenten zuwandte, erkannte ich ein weiteres Problem. Clint Hill, der Secret-Service-Agent, der Jacqueline zurück auf ihren Sitz geschubst hatte, als sie auf den Kofferraum geklettert war, ging mit irrem Blick ziellos im Raum hin und her. Dabei fuchtelte er mit einer geladenen, schußbereiten Pistole vom Kaliber 38 herum. Wir wollten gerade einen Mann operieren, dessen halber Kopf von einer Kugel in Stücke gerissen worden war, und mitten im OP rannte ein Wahnsinniger mit einer geladenen Pistole herum. Ich hatte keine Ahnung, was er tun wollte.

Hill hatte in seinem Job, den Präsidenten der Vereinigten Staaten zu beschützen, versagt, und jetzt fürchtete ich, daß er uns daran hindern würde, unseren Job zu tun, der darin bestand, dem Präsidenten jede nur erdenkliche Überlebenschance zu geben.

»Baxter«, sagte ich, während die Schwestern hastig die Beistelltische mit dem Operationsbesteck heranrollten, »was sollen wir mit ihm machen?« Noch bevor Baxter irgend etwas sagen konnte, wandte sich die Oberschwester Doris Nelson, eine stämmige, resolute Frau mit einem steinernen Gesicht, zu Hill um. »Wer auch immer auf den Präsidenten geschossen hat, er ist nicht in diesem Raum«, fuhr sie ihn an. Doch Hill antwortete nicht. »Sehen Sie«, fuhr sie fort, »er ist o.k., er ist o.k., er ist o.k.«, und sie zeigte mit dem Finger auf jeden von uns, »jetzt legen Sie die Pistole weg, und lassen Sie uns unsere Arbeit tun!«

Hill verschwand einfach, und ich kann mich nicht erinnern, ihn danach noch mal gesehen zu haben. Jahre später erfuhr ich, daß er nach einem Nervenzusammenbruch stationär behandelt werden mußte. Hills Benehmen im Not-OP 1 deutete darauf hin, daß er zu diesem Zeitpunkt schon durchgedreht hatte. Berichten zufolge schlug er während der Fahrt ins Krankenhaus aus Verzweiflung über das Attentat wie wild mit der Faust auf den Kofferraum der Limousine.

Während Doris Nelson mit Hill sprach, zog ich dem Präsidenten den rechten Schuh und Strumpf aus und begann, seine Anzughosen aufzuschneiden, wobei mir die Schwestern Diana Bowron und Margaret Hinchcliffe assistierten. Don Curtis, ein Assistenzarzt der Kieferchirurgie, tat dasselbe auf der linken Seite. Ich bemerkte, daß einer der Schuhe, die ich in die Ecke geworfen hatte, einen erhöhten Absatz hatte. Das rechte Bein des Präsidenten war fast zwei Zentimeter länger als das linke.

Nachdem wir seine Hosen weggeschnitten hatten, nahmen wir ihm das Stützkorsett ab und warfen es an die Wand, damit es nicht im Weg war. Es landete auf dem Boden und blieb aufrecht auf der Seite stehen. Im Zweiten Weltkrieg hatte der Präsident bei einem Unglück mit dem Patrouillenboot eine Rückenverletzung erlitten, so daß er ständig ein Stahlkorsett tragen mußte. Kleidungsstücke flogen durch die Luft, als wir ihn auszogen. Mantel und Hemd wurden gleichzeitig weggeschnitten.

Normalerweise werden Unfallopfer völlig ausgezogen, damit man keine Verletzungen übersieht. Doch niemand versuchte, dem Präsidenten die Unterhosen auszuziehen. Ich nehme an, daß ihn aus Respekt vor seiner würdevollen Position, aus Respekt vor den Prinzipien, die er repräsentierte, unbewußt keiner von uns nackt sehen wollte. Außerdem kümmerten wir uns angesichts seiner entsetzlichen Kopfwunde nicht um irgendwelche Verletzungen an seinem Körper. Wenn wir seinen Zustand stabilisieren konnten, würde eine Menge Zeit bleiben, nach anderen Verletzungen zu sehen.

Die Haut des Präsidenten hatte eine bronzene Färbung. Auf den ersten Blick sah es so aus, als sei er braungebrannt, die Färbung rührte jedoch nicht von der Sonne her, sondern war eher ein physiologisches Phänomen. Dr. Carrico erinnerte sich, irgendwo gelesen zu haben, daß der Präsident die Addisonsche Krankheit hatte, die von einer tuberkulösen Erkrankung der Nebennieren herrührt. Unter diesen Umständen färbt sich die Haut dunkler. Der Präsident nahm Steroide ein, um die mangelnde Hormonversorgung durch die Nebennieren auszugleichen. Admiral George Burkley, der als Kennedys Leibarzt auf der Reise mit dabei war, gab Dr. Carrico drei Hundert-Milligramm-Ampullen Solu-Cortef aus der Medizintasche des Präsidenten.

Es ist heute schwer vorstellbar, daß noch im Jahre 1963 der Präsident der Vereinigten Staaten in ein Unfallkrankenhaus gebracht werden konnte, wo die verantwortlichen Ärzte weder über seine Blutgruppe noch über seine Krankengeschichte informiert waren, doch genau das war der Fall, als Präsident Kennedy ins Parkland Hospital gebracht wurde. Die Regierung ließ Informationen dieser Art prinzipiell niemandem zukommen. Ron Kellerman, einer der Secret-Service-Agenten des Präsidenten, sagte einer Schwester, daß Kennedy Blutgruppe 0, Rhesus positiv habe.

Nach dem Attentat wurde das Verfahren entscheidend geändert. Wenn heutzutage ein Präsident eine Stadt besucht, wird eine Klinik dieser Stadt bestimmt, in der sich ein Chirurgenteam in einem mit allen Instrumenten ausgerüsteten OP bereit hält. Darüber hinaus ist die komplette Krankengeschichte des Präsidenten im Computersystem des Krankenhauses gespeichert, damit sie im Ernstfall sofort abgerufen werden kann. Als Präsident Ford in den siebziger Jahren in Fort Worth war, teilte mir die Regierung mit, daß das John Peter Smith Hospital als Notfallklinik bestimmt worden sei, und es wurden Vorkehrungen getroffen, die uns bei einem eventuellen Notfall jede nur erdenkliche Möglichkeit gaben, den Präsidenten zu behandeln.

Nachdem wir den Präsidenten entkleidet hatten, begannen wir mit dem Einmaleins der Unfallhilfe – erstens die Atemwege, zweitens die Beatmung und drittens der Blutkreislauf. Ich legte meine Hand auf die Arteria Femoralis an den Leisten. »Er hat möglicherweise einen Puls«, verkündete ich, da ich eine Bewegung zu spüren glaubte. »Kein Blutdruck«, sagte eine Schwester, die die Lebenszeichen des Präsidenten am Bildschirm verfolgte. »Ich glaube, ich habe einen Herzschlag gespürt«, sagte jemand anderes. Außer den gelegentlichen Beobachtungen und kurzen Anordnungen wurde nicht viel gesprochen im Not-OP 1. Wir alle verehrten den Präsidenten, und seine Erhabenheit ließ uns verstummen.

Kennedy atmete kaum. Das Geschoß, das seinen Hals getroffen hatte, hatte die Luftröhre durchschlagen, und Dr. Carrico hatte einen Intubationsschlauch in seine Kehle eingeführt.

Während Dr. Carrico am Hals des Präsidenten operierte, wurden drei Einschnitte am Arm und an beiden Beinen vorgenommen, um Plastikschläuche in die Venen einzuführen, über die die Ringerlösung gegen den hämorrhagen Schock nach Blutverlust verabreicht werden sollte. Dr. Salyer assistierte mir bei der Einführung des Schlauches am rechten Bein; Dr. Curtis nahm die gleiche Operation am linken Bein vor.

Je nach Zustand des Patienten und der Schwere seiner Verletzungen werden Blut und die Ringerlösung intravenös über eine Nadel verabreicht. Doch wenn große Mengen dieser Flüssigkeiten gebraucht werden, wird ein 18-G-Katheter (der etwa dem Durchmesser einer Bleistiftmine entspricht) mittels eines chirurgischen Einschnitts direkt in die Vene gelegt. Nachdem ich meine Gummihandschuhe angezogen hatte, wurde ein steriles Tuch mit einer kleinen, fensterartigen Öffnung über das gewaschene und desinfizierte Areal gelegt, in diesem Fall die Innenseite des Beins, fünf Zentimeter über dem Knöchel. Ich nahm das Skalpell und machte einen kleinen Schnitt, um die Vena Saphena freizulegen. Dann unterbrach ich die Blutzufuhr zum Fuß, indem ich das Gefäß abklemmte. Nachdem ich die Vena Saphena eingeritzt hatte, führte ich einen Katheter in Richtung des Herzens ein und band die Öffnung zwischen der Vene und dem Katheter ab, damit keine Flüssigkeit auslief, befestigte einen Schlauch am Katheter, löste die Aderklemme, und die Ringerlösung begann zu fließen. Während dieser zehnminütigen Operation waren auch an einem Arm und am linken Bein Katheter eingeführt worden, und im Körper des

Präsidenten zirkulierten jetzt intravenös verabreichtes Blut und die Ringerlösung.

Die Halswunde des Präsidenten warf immer noch Blutblasen auf, und wir erkannten, daß der Intubationsschlauch das Luftvolumen seiner Lungen nicht wie erhofft vergrößert hatte. Dr. Perry beschloß, eine Tracheostomie (einen Luftröhrenschnitt, A.d.Ü.) durchzuführen, und zwar zwischen dem zweiten und dem dritten Trachealknorpel, dort, wo die Kugel den Hals des Präsidenten durchschlagen hatte. Nachdem Dr. Perry den Schnitt durchgeführt hatte, assistierten Dr. McClelland und Dr. Baxter beim Einführen des Schlauches. Für diese Prozedur benötigt man zwei Leute, da der Intubationsschlauch leicht angehoben werden muß, damit der zweite Schlauch die Luftröhre hinuntergleiten kann.

Augenblicke später nahmen Dr. Baxter und Dr. Peters eine vordere Thoraxdrainage an der rechten Brustseite vor; Dr. Jones und Dr. McClelland taten das gleiche an der linken Seite, um dem Präsidenten das Atmen durch Erweiterung seines Brustkorbs zu erleichtern.

Die Doktoren verlegten die Thoraxdrainagen, indem sie Schnitte zwischen den Rippen an beiden Seiten des Brustkorbs in Höhe der Schulterblätter vornahmen. Anschließend wurden Trokare, stumpfe, rechteckige, von Metallröhren umgebene Instrumente, durch die Einschnitte in den Brustkorb eingeführt. Die Trokare wurden dann wieder herausgezogen, und Schläuche aus Latex mit luftdurchlässigen Löchern an den Seiten wurden über Metallhüllen in den Brustkorb eingeführt. Das andere Ende der Schläuche wurde in eine wasserdichte Drainage gelegt, um durch Unterdruck das Lungenvolumen zu vergrößern.

Fast zwanzig Minuten waren vergangen, seit der Präsident in den OP gebracht worden war. Nach der Tracheostomie war der Präsident an ein Beatmungsgerät angeschlossen und der Intubationsschlauch, den Dr. Carrico in die Kehle eingeführt hatte, wieder entfernt worden; zwei Schläuche waren vorn in den Brustkorb eingeführt worden, um die Lungen mit Luft zu füllen, damit die Organe, vor allem seine Nieren und sein Gehirn (oder was davon noch übrig war), mit Sauerstoff versorgt wurden. Um den Sauerstofftransport zu gewährleisten, wurden dem Präsidenten an drei verschiedenen Stellen Infusionen intravenös verabreicht. Durch die vergrößerten Öffnungen flossen Blut der Blutgruppe 0, Rhesus negativ, und Ringerlösung in seinen Körper. Das ganze Einmaleins der Unfallsoforthilfe war durchgeführt worden.

Dann ging ich zum Kopf des Präsidenten, um ihn genauer zu untersuchen. Die gesamte rechte Hirnhälfte schien weg zu sein. Es sah aus wie ein Krater – ein leerer Hohlraum. Alles, was ich sehen konnte, war zerfetztes, blutiges Gewebe. Ich hatte angesichts der Verletzung keinen Zweifel, daß die Kugel durch die Vorderseite seines Kopfes eingedrungen war; das Geschoß hatte sich seinen Weg durch den Schädel gebahnt, wobei es einen Teil der temporalen und die gesamten parietalen und okzipitalen Hirnlappen (an Schläfen, Schädelwand und Hinterkopf gelegen, A.d.Ü.) wegriß, bevor es das Kleinhirn zerfetzte. Die Wunde sah aus wie ein tiefer Graben in einem frisch gepflügten Feld. Einige Jahre später sah ich Zeitlupenaufnahmen des Attentats an, und die Art, wie der Kopf nach hinten geschleudert wurde, lieferte den eindeutigen und unwiderlegbaren Beweis, daß das Geschoß den Kopf des Präsidenten von vorn getroffen hatte.

Als ich sah, wie ernst die Kopfverletzung war, dachte ich, daß alles, was wir in den vergangenen zwanzig Minuten getan hatten, völlige Zeitverschwendung gewesen war. Es war eine Verletzung vierten Grades (in der Unfallbehandlung werden Verletzungen nach Schweregraden beurteilt, eine Verletzung ersten Grades, zweiten Grades usw.; eine Verletzung vierten Grades ist das Schlimmste, was man sich vorstellen kann). Niemand überlebt eine Verletzung vierten

Grades. Infolgedessen unternahmen wir Anstrengungen vierten Grades, um diese Statistik zu ändern. Hätte Präsident Kennedy wie durch ein Wunder diesen Anschlag überlebt, wäre er für den Rest seines Lebens in ein vegetatives Koma gefallen und hätte nie wieder einen Laut von sich geben oder die Augen öffnen können.

Dr. Kemp Clark, der einen Meter sechsundneunzig große Professor für Neurochirurgie und Leiter der neurochirurgischen Abteilung, betrat den Raum, zog ein Paar Gummihandschuhe über und untersuchte den Schädel des Präsidenten. Ich erinnere mich, wie Dr. Clark stirnrunzelnd und voller Verzweiflung den Kopf schüttelte, während er die Wunde inspizierte.

»Kemp, sagen Sie uns, wie schwer die Kopfverletzung ist«, sagte Dr. Baxter, »denn wir verlieren ihn.«

»Mein Gott, die gesamte rechte Kopfhälfte ist weggeschossen worden«, sagte Dr. Clark, »wir haben nichts, womit wir arbeiten könnten.«

Dr. M.T. »Pepper« Jenkins, Professor und Leiter der Abteilung für Anästhesie, schloß den Präsidenten an den »Torpedo« (eine Maschine, die die Herzschläge mißt) an und schaltete das Gerät ein. Auf dem Bildschirm war eine gerade, grüne Linie zu sehen, ohne das geringste Anzeichen eines Pulses. Dr. Clark bemerkte, daß die Augen des Präsidenten starr und die Pupillen geweitet waren. Er warf einen Blick in unsere Richtung und schüttelte den Kopf, um anzudeuten, daß alles vorbei war.

Doch Dr. Perry – Gott segne ihn – wollte nicht aufgeben. Er begann mit Herzmassage, während Dr. Pepper Jenkins weiter reinen Sauerstoff zuführte. Keiner von uns wollte aufgeben. Als Dr. Perrys Hände müde wurden, übernahm Dr. Clark. Aber nach wenigen Augenblicken wurde uns klar, daß wir nichts tun konnten, um den Präsidenten zu retten, und alle Wiederbelebungsversuche wurden eingestellt. Dr. Fouad A. Bashour, Professor für innere Medizin, schloß schnell ein Herzfrequenzmeßgerät, eine genauere Maschine als der »Torpedo«, an den Präsidenten an. Wieder zog sich eine gerade, grüne Linie über den Bildschirm, und Jenkins drehte den Hahn der Beatmungsmaschine ab. Wir waren soeben Zeugen des schlimmstmöglichen Geschehens geworden: der Präsident war tot.

Als ich mich im OP umblickte, sah er auf einmal hart und häßlich wie noch nie aus. Die grauen Fliesen wirkten unpersönlich und fast anstößig. Auf dem schwarzen Gummiboden lagen überall blutige Kompressen, leere Flaschen, Schläuche, Papierfetzen, gebrauchte Katheter und die Kleider des Präsidenten verstreut.

Die Überbleibsel von Schmerz und Tod unterstrichen die Dunkelheit dieses Augenblicks und die Trauer in unseren Herzen. Nie werde ich den leidenschaftslosen Anblick dieses Zimmers vergessen.

Als Nebenfach hatte ich Geschichte gehabt; insbesondere der amerikanische Bürgerkrieg hatte es mir angetan, und ich mußte unwillkürlich an Abraham Lincoln denken, ebenfalls ein Präsident, der mit einem Kopfschuß brutal getötet worden war. Jetzt konnte ich das verzweifelte Gefühl der Ohnmacht nachvollziehen, das Lincolns Arzt wohl gefühlt hatte. Er tat mir leid, und ich fühlte Mitleid mit mir selbst und allen Ärzten und Schwestern, die sich im Raum befanden.

Später fielen mir weitere seltsame Übereinstimmungen beim Tode dieser beiden Präsidenten auf; beide hatten Vizepräsidenten namens Johnson, und beide wurden in Gegenwart ihrer Ehefrauen ermordet.

Gegenüber, am anderen Ende des Ganges, hatten Ärzte gerade das Leben eines Mannes gerettet, der mit seinem Lastwagen in eine Betonmauer gefahren war. Wir hatten einen Betrunkenen retten können, nicht aber den Präsidenten der Vereinigten Staaten. Ich fühlte mich betrogen, denn wir hatten keine Chance gehabt, die in Parkland entwickelten Behandlungsmethoden für Unfallopfer anzuwenden. Nur ein geistesgegenwärtiger Leibwächter oder eine kugelsichere Panzerglasabdeckung der Limousine hätten Präsident Kennedy an jenem Tag das Leben retten können. Trotz des medizinischen Fortschritts der letzten achtundzwanzig Jahre gäbe es keine Möglichkeit, ein Opfer zu retten, dem die gesamte rechte Hirnhälfte fehlt. Der hämorrhage Schock und die Nervenschäden können nicht bewältigt werden.

Vom humanitären Standpunkt aus sollte es eigentlich keinen Unterschied machen, ob wir Ärzte nun versuchen, das Leben eines Betrunkenen zu retten oder das des Präsidenten.

Wir tun immer alles, was in unserer Macht steht, denn, wie es Dr. Baxter so treffend formulierte: »Ein Leben ist ein Leben ist ein Leben.« Aber der Mann, der auf der Tragbahre vor uns lag, war nicht wie alle anderen. Er war nicht nur ein weiteres Unfallopfer. Er war der Präsident der Vereinigten Staaten von Amerika.

Die Ereignisse jenes Tages veränderten meine Einstellung zu meinem Vaterland und zu seinen Idealen für immer. Wir alle, besonders wir Mediziner, versuchen unser Leben mit einem gewissen Grad an Mut und Entschlossenheit zu meistern, aber ich hätte nie geglaubt, daß ich mich jemals so furchtsam und verwundbar fühlen würde wie in jenem Moment. Chirurgen lassen sich normalerweise nicht vom Tod zu Gefühlen der Betroffenheit hinreißen, doch dieser Fall erschütterte mich.

Die Leiche auf der Tragbahre stand in meinen Augen für unsere Verfassung, für die Menschenrechte, für alle Errungenschaften der Demokratie, die wir dem menschlichen Geist, den Anstrengungen und Opfern der letzten hundert Jahre verdanken. Der Gedanke, daß jemand versucht hatte, dieses ganze großartige Erbe mit einer einzigen Gewehrkugel zu zerstören, erschreckte mich.

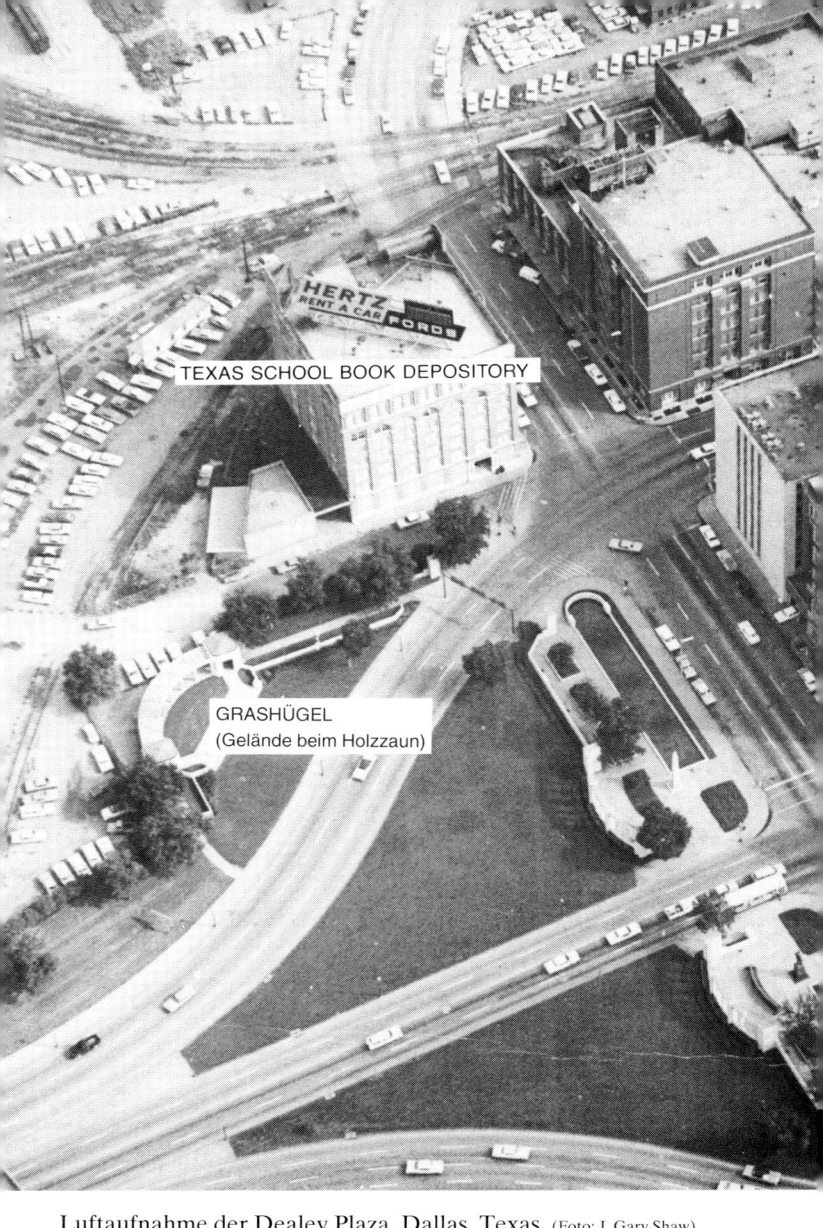

TEXAS SCHOOL BOOK DEPOSITORY

GRASHÜGEL
(Gelände beim Holzzaun)

Luftaufnahme der Dealey Plaza, Dallas, Texas. (Foto: J. Gary Shaw)

Das Parkland Hospital in Dallas, ca. 1963. Eingang zur Notaufnahme und Parkplatz der Krankenwagen. (Foto: Parkland Hospital)

Not-OP1. Die ganze Einrichtung, inklusive der Wand- und
Bodenkacheln, befindet sich heute im texanischen Nationalarchiv
in Fort Worth, Texas. (Foto: Parkland Hospital)

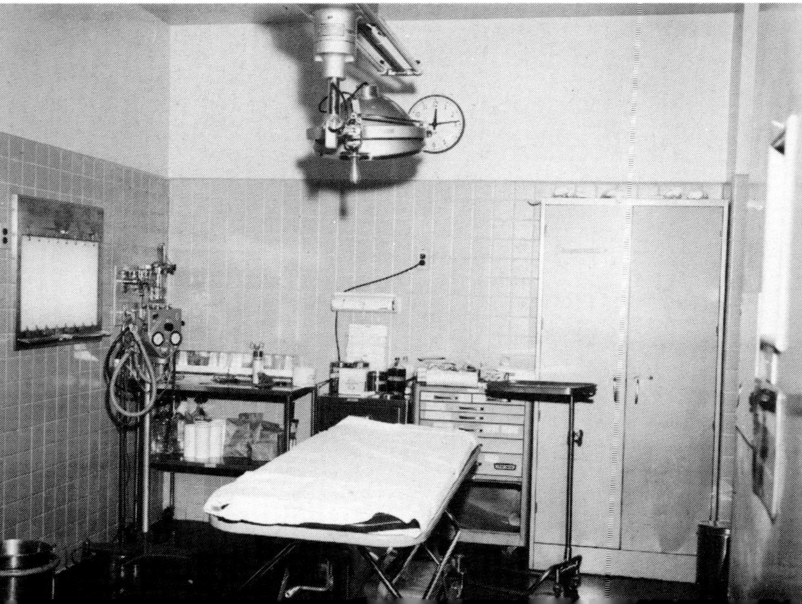

Das Chirurgenteam des Parkland Hospital, zwischen 1963 und
1964; (1) Dr. Perry (2) Dr. McClelland (3) Dr. Shires (4) Dr. Jones
(5) Dr. Duke (6) Dr. Gustafson (7) Dr. Crenshaw (8) Dr. Carrico
(9) Dr. Salyer (Foto: Parkland Hospital).

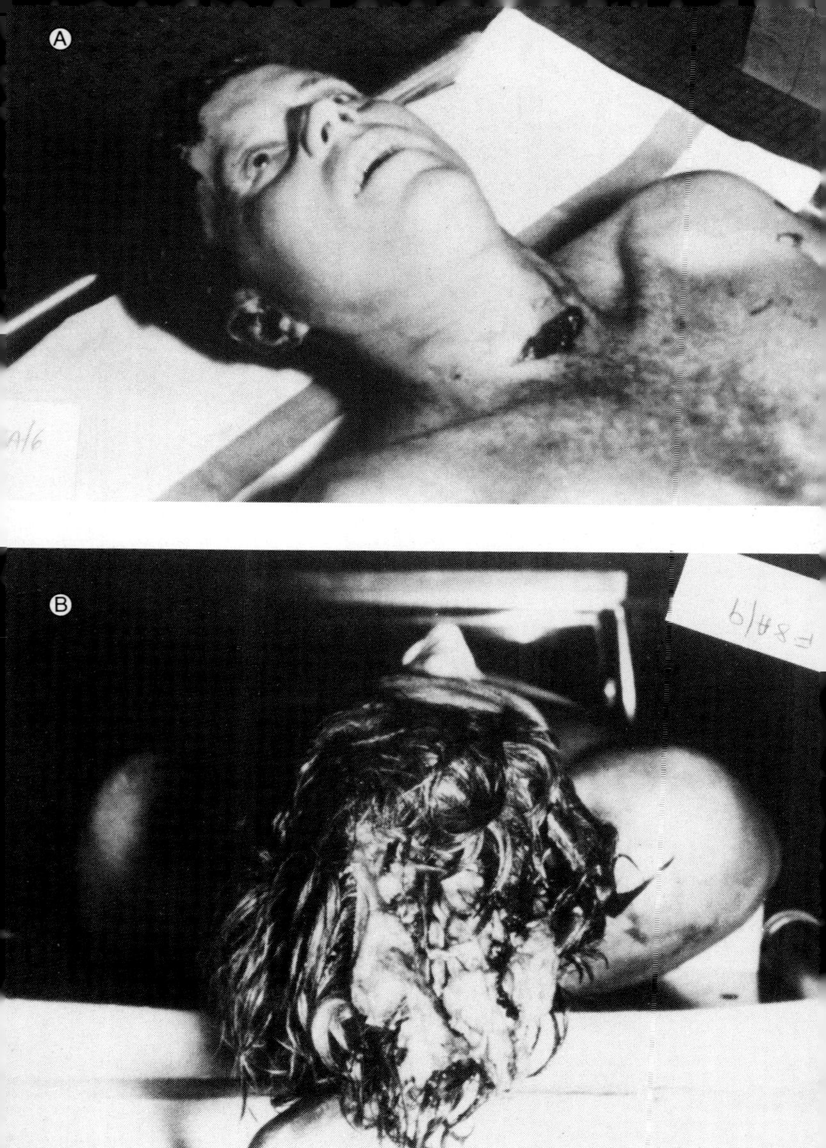
A
B

Fotos der im Bethesda Naval Hospital an Präsident Kennedy offiziell vorgenommenen Autopsie. (Fotos: Paul O'Connor)

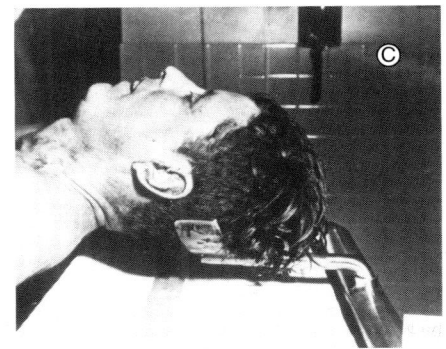

A Der Hals des Präsidenten wies ein kleines Einschußloch an der Kehle auf, als er im Parkland Hospital ankam. Die Wunde scheint erheblich vergrößert worden zu sein; diese Aufnahme zeigt nicht den Zustand der Wunde zu dem Zeitpunkt, als der Körper das Parkland Hospital verließ.

B Der Kopf des Präsidenten von oben.

C Der Kopf des Präsidenten im linken Profil.

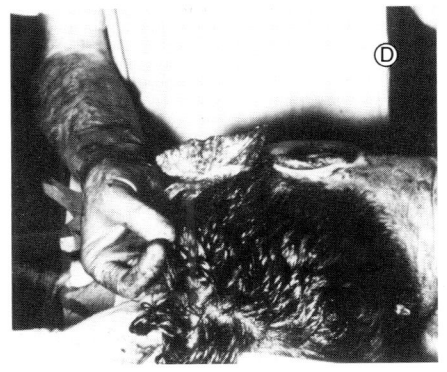

D Der Kopf des Präsidenten von hinten. Eine Verletzung ist nicht zu sehen.

E Der Rücken des Präsidenten weist zwei Wunden auf, die im Parkland Hospital nicht festgestellt wurden, da der Rücken nicht untersucht wurde. Die Wunde(n) wurde(n) bei der Autopsie nicht freigelegt, um ihren weiteren Verlauf im Körper festzustellen.

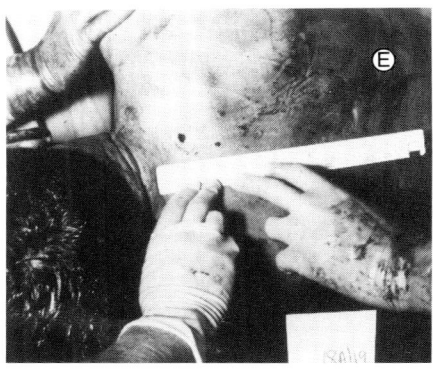

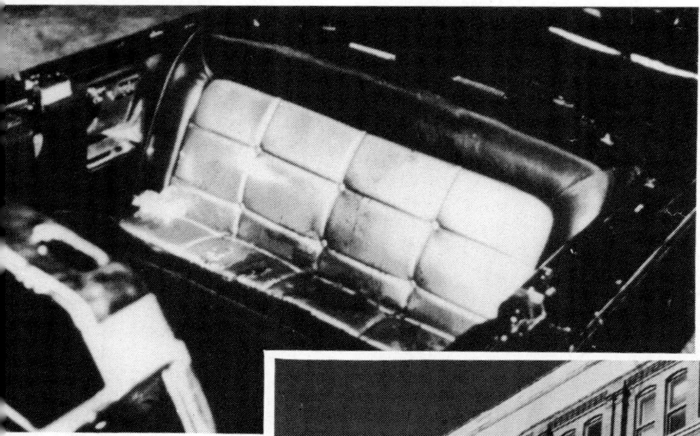

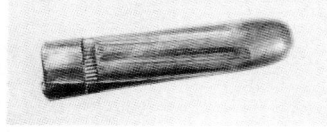

OBEN: Rücksitz der Limousine des Präsidenten kurz nach dem Attentat. (Foto: National Archives)

MITTE: Das Texas School Book Depository unmittelbar nach den Schüssen, die angeblich vom ersten Fenster von rechts im vorletzten Stockwerk abgefeuert wurden. (Foto: FBI, J. Gary Shaw Collection)

UNTEN: Die berüchtigte »magische Kugel«.

Der Totenschein von John F. Kennedy. Die Bestätigung »Held Inquest (Ermittlungen durchgeführt, A.d.Ü.) 22. November 1963«, ist unterzeichnet vom Friedensrichter von Dallas, Theron Ward.

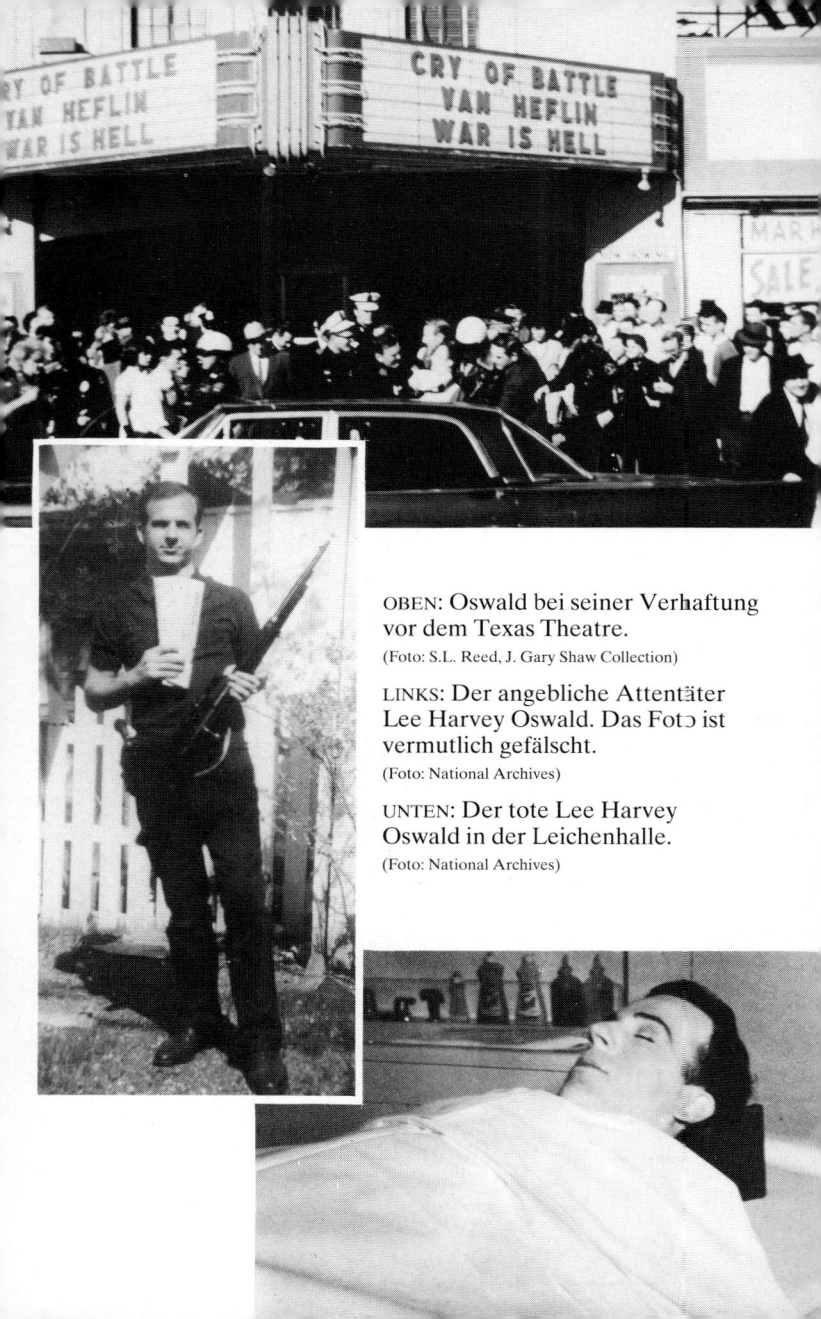

OBEN: Oswald bei seiner Verhaftung vor dem Texas Theatre.
(Foto: S.L. Reed, J. Gary Shaw Collection)

LINKS: Der angebliche Attentäter Lee Harvey Oswald. Das Foto ist vermutlich gefälscht.
(Foto: National Archives)

UNTEN: Der tote Lee Harvey Oswald in der Leichenhalle.
(Foto: National Archives)

Im OP war es totenstill bis auf ersticktes Weinen. Dann fiel mein Blick auf den Eimer am Boden, und ich verlor beinahe die Fassung. Dort, vermischt mit dem Blut und den Hirnteilen unseres Präsidenten, lagen Jacquelines rote Rosen. Tränen stiegen mir in die Augen, und ich fühlte einen Kloß in meinem Hals, so groß wie ein Baseball. Für mich stand der Inhalt dieses Eimers für mein Land – zerbrochen, blutig und am Ende. Er symbolisierte die Schönheit der Natur gegenüber der Zerstörung durch einen Wahnsinnigen oder mehrere Wahnsinnige. Das war übrig von einer Präsidentschaft, einer Ehe, einer Familie und der Erinnerung an seine zwei Kinder. Noch nie hatte ich den Gestank nach Mord so stark in der Nase gespürt wie in diesem Augenblick.

Als ich da stand und diesen Mann ansah, dessen Blut immer noch aus seinem Kopf sickerte, war ich kein Demokrat, kein Republikaner, kein Liberaler und kein Konservativer; ich war ein Amerikaner, der soeben seinen Präsidenten verloren hatte. Sicher, auch ich war in dem regionalen Gegensatz gefangen, in jenem überlieferten Stolz, der sich im Antagonismus Nord gegen Süd, Yankees gegen Rebellen, wir gegen die usw. äußert, der seit frühester Kindheit ein Teil unseres Erbes ist.

Aber es gibt einen Grad von Anstand, der über alles erhaben ist, und nichts ändert unsere Sichtweise so schnell wie eine Tragödie. Plötzlich war unser Lebenshorizont größer als der Südwesten oder die Nation.

Wir hatten – wie wohl die meisten Menschen – entdeckt, daß Geschichte mitzuerleben eine ebenso unangenehme Erfahrung sein kann, wie Geschichte zu machen. Ich holte tief Luft und atmete langsam aus. Ich kann mich nicht erinnern, wer dem Präsidenten die Augen schloß, aber als ich Dr. Baxter half, seinen Körper mit einem Tuch zu bedecken, waren sie zu. Es war vorbei. Ich sah auf meine Uhr – es war 12 Uhr 52.

12 Uhr 52

Dallas

Die Nachricht vom Tode des Präsidenten ist noch nicht bekanntgegeben – doch es gibt zumindest einen in Dallas, der weiß, daß der Job erledigt ist. Von einer Telefonzentrale im Zentrum von Dallas wird ein gewisser Pablo Brenner oder Bruner in Mexico City angerufen. Der Anrufer sagt: »Er ist tot, er ist tot.« Offensichtlich war man zur Operationsphase »Sprung« übergegangen – Mission erfolgreich beendet.

12 Uhr 55

Garland – Texas

In Garland, einem Vorort von Dallas, klingelt das Telefon im Büro von Theron Ward, dem Friedensrichter des Dallas County. Er nimmt das Gespräch persönlich an. da die Sekretärin noch beim Mittagessen ist. Am anderen Ende der Leitung ist eine Krankenschwester des Parkland Hospital, die mit aufgeregter Stimme ihrer Erleichterung Ausdruck gibt, ihn erreicht zu haben.

»Der Präsident ist erschossen worden«, sagt sie. »Könnten Sie sobald wie möglich in die Klinik kommen?« Der Richter sagt augenblicklich alle Gerichtstermine ab und fährt mit Blaulicht und Sirene ins Krankenhaus.

In Texas ist es die Pflicht eines Friedensrichters, in einem gewaltsamen Todesfall Untersuchungen zu veranlassen, sei es mit oder ohne Jury. Da die Ermordung des Präsidenten im Jahre 1963 noch nicht als ein auf Bundesebene zu ahndendes Verbrechen galt, waren die Ermittlungen und die Strafverfolgung der Rechtsordnung der texanischen Behörden unterstellt. Wie die Bundesbehörden 1963 widerrechtlich diese Verantwortung an sich rissen, ist eine der Hauptfragen bei den offiziellen Ermittlungen über den Tod des Präsidenten. Der neunundreißigjährige Richter Theron Ward hatte während des Zweiten Weltkrieges als Marinesoldat im Südpazifik gedient. Er wurde neunmal angeschossen und trug eine Stahlplatte im Kopf. Nach dem Krieg arbeitete er fünf Jahre als Dallas Deputy Sheriff und fünf Jahre bei der Stadtpolizei. Er war erst kurz zuvor zum Friedensrichter gewählt worden und kannte sich in der Rechtsprechung fast gar nicht aus. Er wird dazu gezwungen, eine der umstrittensten und wichtigsten Entscheidungen im Nachspiel des Attentats zu fällen.

Parkland Hospital – Dallas

Während der zwanzigminütigen Operation des Präsidenten herrschte draußen in der Notaufnahme Chaos. Secret-Service-Agenten, FBI-Agenten und Polizeibeamte liefen wild durcheinander, versuchten, ihre Identität festzustellen und die Klinik abzusichern. Zeitungsreporter wollten Einzelheiten in Erfahrung bringen, während das medizinische Personal inmitten des allgemeinen Durcheinanders bemüht war, die anderen Patienten zu versorgen. Fast alle Telefonleitungen der Klinik waren für Anrufe gesperrt, damit die Behörden alle verfügbaren Leitungen nutzen konnten. Unfallopfer kamen in der Notaufnahme an und wurden durch dieses Irrenhaus in die Behandlungszimmer geschleust. Doch auch in diesem Tumult schaffte es das Parkland Hospital wie immer, sich um seine Patienten zu kümmern.

Wenn Jacqueline nicht gerade an der Tür zum Not-OP 1 stand, um einen Blick von dem zu erhaschen, was drinnen vorging, war sie auf der Schwesternstation und telefonierte mit Robert Kennedy und anderen Familienangehörigen. Sie hatte auch darum gebeten, einen Priester ins Krankenhaus kommen zu lassen. Dr. James »Red« Duke und Dr. David Mebane waren im Not-OP 2 damit beschäftigt, Gouverneur Connallys Zustand zu stabilisieren, indem sie einen Intubationsschlauch einführten und Ringerlösung intravenös verabreichten. Anschließend brachten sie ihn zum Röntgen und in den Operationssaal. Lyndon Johnson blieb unter schwerster Bewachung in einer der durch Vorhänge voneinander abgetrennten ambulanten Abteilungen versteckt.

Sobald das Leichentuch über den Präsidenten gebreitet worden war, schien es, als wollte keiner der fünfzehn anwesenden Ärzte mehr im Raum bleiben. Dr. Baxter und ich verließen den OP und sahen Jackie mit einem Pfleger zu unserer Rechten stehen. Sie sah zuerst mich, dann Dr. Baxter an und las in unseren Gesichtern, daß der Präsident tot war. Worte waren dazu nicht nötig. Ihr Kopf sank nach unten, und ihre Augen schauten traurig in eine Welt, in der ihr Mann fehlte. Ich legte meinen Arm um ihre Schultern. Sie waren so breit, daß ich nicht glaubte, sie ganz umfassen zu können. Ich fragte sie, ob sie sich im Aufenthaltsraum am Ende des Ganges zwischen dem Not-OP 3 und dem Not-OP 4 ein wenig hinlegen wolle. Wir hatten damals noch kein Valium, und so bot ich ihr eine Phenobarbital-Tablette an. Sie zögerte einen Moment und sagte dann, sie wolle hier bleiben, direkt neben der Tür zum Not-OP 1. Obwohl sie sehr gefaßt wirkte, stand sie, glaube ich, noch unter Schock, was verständlich war. Sie setzte sich auf einen Stuhl und bat einen vorbeigehenden Pfleger um eine Zigarette.

Ich warf einen Blick auf ihre Handtasche und sah, daß noch immer Teile des Hirngewebes des Präsidenten daran klebten. Diskret wandte ich mich zu dem Pfleger, entfernte mich ein paar Schritte mit ihm und bat ihn, die Handtasche zu säubern. Ich sah auf meine Uhr. Es war 12 Uhr 55. Aus den Augenwinkeln sah ich einen Priester hereinkommen und auf die Schwesternstation gehen. Ich ging nochmals in den Not-OP 1, um mich zu vergewissern, daß alles für die Zeremonie bereit war. Einer der Ärzte, die sich noch im OP befanden, war Fouad A. Bashour, der Chef der kardiologischen Abteilung. Er war katholisch und wußte, wie wichtig die Letzte Ölung war, bevor der Präsident offiziell für tot erklärt wurde. Als ich sah, daß alles bereit war, öffnete ich die Tür und trat zur Seite. Die Kleidung des Präsidenten war ordentlich zusammengefaltet an ein Ende des Zimmers gelegt worden. Ich sah erneut auf die Uhr. Es war 12 Uhr 57.

13 Uhr 02

Oak-Cliff-Viertel – Dallas

Das Zimmermädchen Earlene Roberts sieht, wie Lee Harvey Oswald die Pension, Hausnummer 1026 in der North-Beckley-Straße, betritt und in sein Zimmer geht. Während Oswald in seinem Zimmer ist, hört Frau Roberts draußen einen Wagen hupen – zwei schnelle, kurze Huptöne. Sie späht aus dem Fenster und sieht zwei Beamte in einem Streifenwagen der Polizei von Dallas langsam wegfahren. Anschließend kommt Oswald aus seinem Zimmer und verläßt das Haus. Zum letztenmal sieht ihn die Haushälterin an der Bushaltestelle in der Nähe stehen.

13 Uhr 05

Südlich von Dallas

Auf der Autobahn südlich von Dallas halten Beamte der texanischen Autobahnpolizei ein schwarzes Auto wegen Geschwindigkeitsübertretung an. Zeugen des Vorfalls sagen aus, daß mindestens drei Männer im Anzug in dem Wagen saßen. Einer der drei Männer weist sich dem Polizisten gegenüber als Secret-Service-Agent aus und sagt: »Wir müssen auf dem schnellsten Wege nach New Orleans kommen, um wegen des Attentats zu ermitteln.« Es ist jedoch nirgendwo in den Akten vermerkt, daß Secret-Service-Leu-

te am Tag des Attentats nach New Orleans abkommandiert
wurden.

Parkland Hospital – Dallas

Pater Huber betrat den OP. Ihm folgte Jacqueline Kennedy
und blieb am Fußende der Tragbahre stehen. Der Körper
des Präsidenten war mit einem Tuch bedeckt, nur die Füße
schauten heraus. Auch Dr. Baxter und einige andere Ärzte
kamen in den Raum. Mrs. Kennedy kniete nieder und küßte seinen großen Zeh. Pater Huber ging um die Bahre herum und enthüllte vorsichtig – um die Verletzung nicht zu zeigen – den Kopf des Präsidenten. Jacqueline kam näher,
nahm die rechte Hand des Präsidenten und drückte sie an
ihre Wange. Ich zwinkerte, um die Tränen zurückzuhalten,
und versuchte, den Kloß in meiner Kehle hinunterzu-
schlucken. Der Priester begann mit der Zeremonie der Letzten Ölung.

»John Fitzgerald Kennedy, wenn du lebst, vergebe ich dir
deine Sünden im Namen des Vaters, des Sohnes und des
Heiligen Geistes.«

Während er fortfuhr, zog Jacqueline ihren Ehering vom
Finger, steckte ihn dem Präsidenten an den kleinen Finger
und küßte ihn auf die Wange. Da konnte ich mich nicht
mehr beherrschen, Tränen flossen mir über die Wangen,
und der Kloß in meiner Kehle wurde groß wie ein Basket-
ball. Aber ich war nicht der einzige, der so empfand.

Pater Huber tauchte seinen Daumen in das Weihwasser
und malte das Kreuzzeichen auf die Stirn des Präsidenten.
»Durch diese heilige Ölung möge Gott dir alle deine Sünden
vergeben. Kraft meiner apostolischen Sendung gewähre ich
dir Vergebung und Nachlaß für alle deine Sünden. Ich segne dich im Namen des Vaters, des Sohnes und des Heiligen
Geistes, Amen.«

Ich sah auf meine Armbanduhr. Es war 13 Uhr 01.

Der Priester beendete die Zeremonie, und Jacqueline

ging hinaus. Alle folgten ihr, bis auf einige Krankenschwe-stern, die die Verlegung des Präsidenten in ein anderes Zim-mer vorbereiteten. Die Ärzte Baxter, Perry, Jenkins, Clark und ich standen vor der Schwesternstation beisammen, um über den Todeszeitpunkt zu entscheiden, den wir auf dem Totenschein angeben sollten.

Obwohl es jetzt 13 Uhr 10 war, sollte auf dem Dokument stehen, daß der Tod um 13 Uhr 01 eingetreten war, da die Zeremonie der Letzten Ölung kurz vor diesem Zeitpunkt begonnen hatte.

Normalerweise wurde das Unterzeichnen des Toten-scheins dem rangniedrigsten Arzt des Chirurgenteams über-lassen, denn die Oberärzte wollten nichts damit zu tun haben.

In diesem Fall wären es die Ärzte Salyer oder Carrico gewesen, doch da es sich um den Präsidenten der Ver-einig-ten Staaten handelte, hielten es alle für angebracht, daß Dr. Clark den Totenschein unterzeichnete, da die lebensgefähr-liche Verletzung neurologischer Natur gewesen war.

Nachdem Dr. Clark den fünfunddreißigsten Präsidenten der USA offiziell für tot erklärt hatte, eilten alle Ärzte zum Not-OP 2, um bei der Behandlung von Gouverneur Con-nally zu helfen. Ich blieb im Not-OP 1, denn eine der Pflich-ten eines Assistenzarztes in einem Notfallteam ist es, die Verlegung der Leiche zu organisieren, besonders wenn es sich um ein Verbrechen handelt. Nach texanischem Gesetz muß in einem Mordfall automatisch eine Autopsie vorge-nommen werden. Ich öffnete die Tür zum Not-OP 1, um zu sehen, wie weit die Schwestern mit der Vorbereitung des Körpers des Präsidenten gekommen waren. Als ich mich umsah, sah ich Dr. Vernon Stembridge, Leiter der chirurgi-schen Pathologie, und Dr. Sidney Stewart, Assistenzarzt der Pathologie, umringt von mehreren Männern, von denen ich annahm, sie seien Mitarbeiter des Präsidenten und Secret-Service-Agenten. Die Ärzte erklärten ihnen höflich, aber bestimmt, daß sie entsprechend texanischem Gesetz am Körper des Präsidenten eine Autopsie vornehmen würden, bevor er das Parkland Hospital verließe. Mit ebenso großer Bestimmtheit, aber mit größerem Nachdruck verkündeten die Herren im Anzug dagegen, daß sie Befehl hätten, den Präsidenten nach Washington zu bringen, sobald er transportbereit sei, und daß keine Autopsie in Texas gemacht werde.

Als beide Seiten auf ihrem Standpunkt beharrten, eskalierte die Situation, und die Diskussion mündete in wütendes Geschrei und Drohgebärden. Die Ärzte Stembridge und Stewart stürmten verärgert aus dem Zimmer, nachdem es ihnen nicht gelungen war, sich durchzusetzen. Die Herren im Anzug waren nicht nur in der Überzahl, sondern hatten außerdem Pistolen. Ich hatte den Eindruck, daß irgend jemand diesen Männern eingeschärft hatte, Kennedys Leiche so schnell wie möglich aus dem Parkland Hospital, aus Dallas und aus dem Staate Texas wegzuschaffen, und wunderte mich auch, daß Dr. Stembridge, der sonst ein so ruhiger, höflicher Mann war, die Stimme erhoben hatte.

Ich kontrollierte erneut, wie weit die Vorbereitungen für den Abtransport des Präsidenten gediehen waren, und ging dann zum Not-OP 2, in der Hoffnung, daß für Gouverneur Connally kein Totenschein nötig sein würde.

Die Kugel des Attentäters hatte seine Lunge durchschlagen, sein Handgelenk zerschmettert und war in seinem Oberschenkel steckengeblieben; der Gouverneur litt unter Atembeschwerden und hatte viel Blut verloren. Um seinen Zustand zu stabilisieren, hatten Dr. Duke und Dr. Mebane eine intravenöse Infusion der Ringerlösung verabreicht und eine Thoraxdrainage gelegt, um einen Kollaps des rechten Lungenflügels zu verhindern. Unmittelbar nachdem ich gekommen war, schickten sich die Ärzte und Schwestern an, den Gouverneur zum Röntgen zu bringen, bevor sie sich zur Chirurgie aufmachten.

13 Uhr 15

Oak Cliff – Dallas

Ecke Tenth und Patton Street, etwa fünfzehnhundert Meter von Oswalds Pension entfernt, wurde der Polizeibeamte J.D. Tippet aus Dallas neben seinem Streifenwagen erschossen. Die Berichte der Augenzeugen dieses Verbrechens widersprechen sich. In einem Polizeifunkbericht wird der Fliehende als männlich, weiß, siebenundzwanzig Jahre alt, einen Meter achtzig groß, zweiundachtzig Kilo schwer, welliges dunkles Haar, sauber gekleidet, weißes Eisenhower-Jackett, dunkle Hose und weißes Hemd, beschrieben – eine Beschreibung, die weder auf Oswald noch auf seine Kleidung zutrifft. Weiter wird behauptet, der Mann habe eine zweiunddreißigkalibrige, dunkle *Automatik* bei sich getragen; eine Waffe, die sich erheblich von dem Revolver unterscheidet, den Oswald zur Zeit seiner Verhaftung trug. Ein Kriegsveteran sagt aus, daß die am Tatort gefundenen Patronenhülsen »eher von einer 38er *Automatik* als von einem Revolver« stammen könnten. Die Hülsen aus einem 38er Revolver unterscheiden sich erheblich von denen aus einer 38er Automatik, so daß ein Kriegsveteran das kaum fehlinterpretieren könnte.

Wie sich später herausstellte, stammten die Kugeln, die man aus Tippets Körper entfernte, nicht aus Oswalds Revolver und paßten auch nicht zu den Patronenhülsen, die als Beweismaterial dienten. Von den vier Kugeln aus Tippets Körper war *eine* von Remington-Peters hergestellt und die anderen *drei* von Winchester-Western. Im Gegensatz dazu stammten zwei der leeren Patronenhülsen von Winchester-Western und zwei von Remington-Peters.

Aquilla Clemons, eine weitere Zeugin, sah *zwei* Männer am Tatort. Sie berichtet, daß diese Männer sich Handzeichen gaben und dann in verschiedenen Richtungen verschwanden.

Nur zwei Zeuginnen, Domingo Benavides und Helen Markham, behaupteten, die eigentliche Schießerei beobachtet zu haben. Domingo Benavides, die wahrscheinlich die bessere Sicht hatte, konnte Oswald nicht als Mörder identifizieren und wurde von der Warren-Kommission nicht als Zeugin vorgeladen. Helen Markham jedoch mußte als Zeugin erscheinen, machte aber eine eher dürftige Zeugenaussage. Bei der Vernehmung verneinte Mrs. Markham sechsmal, irgendeinen der vier Männer in der Reihe – in der auch Oswald stand – wiederzuerkennen. Doch nach wiederholtem lästigen Drängen der Beamten erhielt die Kommission endlich die gewünschte Antwort. Mrs. Markham erklärte: »Ich habe ihn angeschaut. Als ich diesen Mann (Oswald) gesehen habe, ich bin mir nicht sicher... aber mir sind kalte Schauer über den Rücken gelaufen.«

Obwohl, wie man sieht, das Beweismaterial sehr widersprüchlich und in sich nicht schlüssig ist, benutzte es die Warren-Kommission schließlich als Nachweis, daß Oswald der Mörder von Tippet sei. Es diente ihnen als zusätzliches Beweismittel dafür, daß Oswald den Präsidenten erschossen hatte. Der Mord an Tippet demonstriere, so vermuteten sie, Oswalds Hang zum Töten.

13 Uhr 25

Parkland Hospital – Dallas

Der Friedensrichter Theron Ward erreicht den Eingang zur Notaufnahme im Parkland Hospital. Er versucht hineinzugehen, wird jedoch von mehreren Männern im Anzug, die, wie er vermutet, Secret-Service-Agenten sind, daran gehindert. Also geht er rasch um das Gebäude herum zum Haupteingang. Dort erkennt ihn die Frau am Empfang, erklärt ihm, daß die Ärzte schon auf ihn warten, und führt ihn zurück zum Notaufnahmeraum. Kaum ist er eingetreten, kommt der Pathologe Dr. Earl Rose aus Dallas auf ihn zu. Aufgeregt hebt Dr. Rose den rechten Arm, deutet mit dem Finger zur Decke und brüllt: »Ward, du kommst genau richtig!« Und auf die Zeit hinweisend, in der eine gerichtsmedizinische Untersuchung an Präsident Kennedy durchgeführt werden könnte, fügte er hinzu: »In fünfundvierzig Minuten haben wir ihn hier raus.«

Der OP-Schwester Jane Wester waren schon Instruktionen gegeben worden, alles für eine Kraniotomie vorzubereiten (chirurgischer Eingriff am Schädel oder die Entfernung eines Teils des Schädels für die Untersuchung vor Gericht), die am Präsidenten vorgenommen werden sollte. Dr. Rose ist eine Kapazität für forensische Pathologie (medizinisch legale Untersuchungen als Beweismittel im Gerichtssaal) und war gerade dabei, nach texanischem Gesetz zu verfahren, denn es war seine Pflicht, den Körper des Präsidenten, seine Kleidung und den Tatort zu untersuchen, und er sollte auch herausfinden, wie viele Schüsse abgefeuert worden waren und aus welcher Richtung.

Richter Ward wurde vom Secret-Service-Agenten Kellermann zur Tür des Not-OP 1 geführt. Vom Eingang aus konnte er den Körper des Präsidenten sehen, betrat jedoch nicht den Raum. Er bemerkte einen »Einschuß« an Kennedys Stirn sowie einen Luftröhrenschnitt in seinem Hals. Kellermann bat Ward, den Körper an den Secret Service freizugeben, und der Richter erwiderte: »Das muß ich erst mit Henry Wade, dem Staatsanwalt für den Dallas-Distrikt, besprechen.«

Ward ruft Wade an, und ihm wird mitgeteilt, daß nach Wades Meinung eine »Kugel« als Beweismaterial sichergestellt werden müßte und daß man zu diesem Punkt den Polizeichef von Dallas, Curry, fragen sollte. Wade seinerseits ruft Curry an, teilt ihm seine Meinung mit und gibt diese Information dann zurück an Ward. Seltsamerweise ignoriert der Richter den Rat der beiden texanischen Beamten (eine Kugel, die den Präsidenten getötet haben könnte, an sich zu nehmen) und überläßt Kellermann den Körper. Ward deutet einfach zum Ausgang, ohne ein Wort zu sagen, und erlaubt Kellermann, mit dem Abtransport des Körpers und aller damit verbundenen Beweise zu beginnen. Das Gesetz von Texas wurde gebrochen und ein entscheidendes Glied des Untersuchungsprozesses vernichtet.

13 Uhr 26

Love Field – Dallas

Polizeichef Curry fährt Lyndon Johnson nach Love Field, wo er als sechsunddreißigster Präsident der Vereinigten Staaten an Bord der *Air Force One* geht.

Parkland Hospital

Als ich in die Halle zurückkam, stand Evalea Glanges, eine Medizinstudentin, in der Krankenschwesternstation. Sie erzählte mir eine sehr eigenartige Geschichte. Während wir versuchten, Präsident Kennedys Leben zu retten, befand sie sich auf dem Parkplatz der Notaufnahmestation. Sie stand neben der Limousine des Präsidenten und zeigte plötzlich einem anderen Medizinstudenten ein Loch in der Windschutzscheibe, das sie entdeckt hatte. Ein Secret-Service-Agent, der ihre Bemerkung wohl mitangehört haben mußte, sprang nervös in den Wagen und fuhr eilig davon.

Die Limousine war zumindest teilweise saubergemacht worden, während sie vor dem Parkland Hospital stand. Es gibt keine Aufzeichnungen über irgendwelche Beweise aus dieser Zeit.

Dann wurde der Wagen nach Love Field gefahren und vom Secret-Service-Agenten Kinney an Bord eines Flugzeuges verladen. Um sieben Uhr morgens erreichte er Washington und wurde in die Garage des Weißen Hauses gefahren, wo man ihn mit einer Plastikplane abdeckte und von Agenten bewachen ließ.

Um 9 Uhr 10 wurde der Wagen von Vertretern des Hausarztes des Präsidenten inspiziert.

Um zwölf Uhr mittags untersuchten FBI-Agenten und Secret-Service-Leute die Limousine. Mehrere Kugelsplitter und ein etwa siebeneinhalb Zentimeter großes dreieckiges Stück vom Schädel des Präsidenten wurden als Beweismaterial entfernt. Notiert wurde ferner ein kleines Loch gleich links von der Mitte der Windschutzscheibe sowie eine Beule an der verchromten Leiste über der Windschutzscheibe. FBI-Agenten erklärten, daß die Beule durch ein Kugelfragment entstanden sei.

Die Kugelsplitter, die man aus der Limousine entfernt hatte, wurden nicht markiert. Sechs Monate später wurden einem Secret-Service-Agenten und einem Angestellten des Weißen Hauses die zerbröckelten Stückchen gezeigt, und sie konnten sie als diejenigen identifizieren, die man im Wagen des Präsidenten kurz nach dem Attentat gefunden hatte. Natürlich wurden diese Fragmente mit Oswalds Gewehr in Verbindung gebracht – eine Verbindung, die vor keinem Gericht der Welt hätte bestehen können, wegen des Bruchs in der Beweiskette und weil dieses Beweismittel nicht gekennzeichnet war.

Drei Tage nach dem Attentat fuhr Carl Renas, Sicherheitschef der Dearborn Division der Ford Motor Company, die Limousine mit Helikopterverstärkung von Washington nach Cincinnati. Während der Fahrt bemerkte er mehrere Einschlagslöcher, von denen das auffallendste jedoch das Loch in der verchromten Leiste über der Windschutzscheibe war, das, wie er sagte, eher einem »Haupteinschlag« glich als einem »Splitter«.

Renas brachte die Limousine zu Hess und Eisenhart in Cincinnati, wo die Chromleiste ausgetauscht wurde.

Der Secret Service befahl Renas, »das Maul zu halten«.

Wenn Renas an diese Zeit zurückdenkt, fällt ihm immer wieder ein, daß er damals dachte: »Irgend etwas stimmt hier nicht.«

Die Limousine wurde schließlich umgebaut, kugelsicher gemacht und mit den modernsten Sicherheitsvorkehrungen versehen. Dennoch weigerte sich Präsident Johnson, den Wagen zu benutzen, solange man ihn nicht umgespritzt habe, von Nachtblau – dem Blau der Kennedys – in Standardschwarz.

Daß die beweiserheblichen Verfahren nicht mit mehr Respekt vor der Limousine des Präsidenten ausgeführt wurden, ist eine Schande. Peinlicher jedoch ist die Tatsache, daß ein Wagen von so großer historischer Bedeutung nicht aufbewahrt wurde. Und das war mit Sicherheit keine gedankenlose Maßnahme.

Glanges bezeugte, daß auch Präsident Johnson und Lady Bird sich auf den Weg zum Flughafen begaben. Nachdem man sie hastig zu einem wartenden Kombiwagen geführt hatte, verkroch sich der Präsident auf dem Rücksitz des Autos, das sie nach Love Field fuhr. Auf dem Vordersitz des Wagen saßen lauter besorgte Secret-Service-Agenten. Überall sah man diese Männer im Anzug. Sie hatten guten Grund, nervös zu sein. Soviel sie wußten, gab es eine Verschwörung, die die gesamte Hierarchie der US-Regierung eliminieren wollte, und der neue Präsident konnte jeden Augenblick Opfer einer Attacke werden. Ich muß hinzufügen, daß mir die Kubakrise von 1962 mehr als einmal am Tag durch den Kopf ging.

Der einzige Job des Secret Service bestand in der Aufgabe, den Präsidenten der Vereinigten Staaten und andere Regierungsbeamte um ihn herum zu schützen, besonders den Vizepräsidenten. Das eine Attentat auf den Präsidenten an diesem Tag, wobei sie total versagt hatten, erlaubte nur noch eine unmißverständliche Botschaft für jeden – sie würden kein weiteres zulassen.

13 Uhr 30

Parkland Hospital – Dallas

Der pensionierte Journalist Seth Kantor, der Radionachrichtensprecher Roy Stamps und die Hausfrau Wilma Tice haben Jack Ruby im Parkland Hospital gesehen. Die ersten beiden, Kantor und Stamps, kennen Ruby schon seit vielen Jahren. (In seiner Zeugenaussage vor der Warren-Kommission leugnet Ruby seine Anwesenheit dort. Die Kommission entschied sich dazu, Ruby zu glauben, trotz widersprüchlicher Beweise. Eine andere Handlungsweise hätte zu sehr auf eine Verschwörung schließen lassen.)

13 Uhr 33

Love Field – Dallas

Präsident Johnson geht an Bord der *Air Force One* und läßt Colonel James B. Swindal mitteilen, daß das Flugzeug ohne den Leichnam von Präsident Kennedy nicht nach Washington starten werde.

Oak Cliff – Dallas

Auszug aus einem Polizeifunkbericht: »Er ist in der Bücherei, Jefferson, Block 500 Ost, Marsalis und Jefferson.« Minuten später lautet ein nachfolgender Auszug: »Wir sind alle in der Bücherei.« Und wieder einige Minuten später: »*Es war der falsche Mann.*«

Wer ist dieser Verdächtige, der so schnell verhaftet und genauso schnell wieder als der *falsche* Mann freigelassen wurde? Zu diesem frühen Zeitpunkt kann ihr Wissen, daß es sich um den *falschen* Mann handle, nur eins bedeuten, sie kannten den *richtigen* Mann.

Die Bücherei befindet sich an der Kreuzung des östlichen Teils der Jefferson Street mit der Madison Avenue. Sie ist nur sechs Blocks von Oswalds Pension und nicht mehr als einen Block von Rubys Apartment entfernt. Es ist bekannt, daß Oswald diese Bücherei wenigstens drei- bis viermal die Woche aufsuchte.

Es wurde nie genau geklärt, woher man so schnell wußte, daß sich Oswald in der Bücherei befand, und ebenso unklar blieb, weshalb die Polizei so rasch in die Bücherei geschickt wurde. Hat ein Unbekannter die Polizeibehörde veranlaßt, Oswald aufzuspüren?

Parkland Hospital – Dallas

Malcolm Kilduff, der Pressesprecher des Weißen Hauses, gibt sichtlich besorgt eine Pressekonferenz im Parkland Hospital. Als Zeitpunkt des Todes des Präsidenten gab er 13 Uhr an und sagte, daß »er an einem Gewehrschuß ins Gehirn gestorben sei«.

Als ein Zeitungsreporter ihn nach der genaueren Todesursache fragte, deutete Kilduff auf seine rechte Schläfe und erwiderte: »Dr. Burkley hat mir erklärt, es sei eine einfache Sache (...), eine Kugel geradewegs (oder rechts, A.d.Ü.) durch den Kopf.«

Parkland Hospital – Dallas

Während Glanges und ich uns weiter unterhielten, wurde ein bronzefarbener Sarg von zwei männlichen Angestellten des Oneal Bestattungsinstituts zum Not-OP 1 gerollt. Ich öffnete die Tür, ließ sie eintreten und folgte ihnen. Ich war der einzige Arzt im Raum. Man hatte alle Schläuche aus Kennedys Körper entfernt, ihn gesäubert und in zwei weiße Laken gewickelt. Der Sarg wurde geöffnet, und zwei Krankenschwestern legten eine Plastikmatratze über den weißen Samtbezug, damit der Stoff nicht von eventuell noch austretendem Blut aus den Wunden beschmutzt würde.

Bevor ich ihnen gestattete, den Körper zu bewegen, hob ich das Laken und warf einen langen letzten Blick auf die Kopfwunde von Präsident Kennedy. Ich war der letzte Arzt des Parkland Hospital, der sie sah. Dann strich ich ihm leicht über sein rötlichbraunes Haar. Es tat mir so wahnsinnig leid für ihn. Er war gutaussehend, intelligent, jung, hatte eine ungeheure Ausstrahlung – und die Tragödie, die ihm zugestoßen war, erschütterte mich.

Vier von uns hoben den Präsidenten in den Sarg und legten seine sauber gefaltete Kleidung zu seinen Füßen. Die beiden Männer versiegelten den Sarg, und es befremdete mich, daß ich mich einem Mann so verbunden fühlte, den ich immer nur durch die Medien gekannt hatte. Während sie langsam die Verschlüsse herunterdrückten, um den Deckel zu verschließen, überlegte ich, wer das dem Präsidenten angetan haben konnte und welche Auswirkungen es für unser Land haben mochte.

Nicht erst, als ich Jahre später die Autopsiefotos von John Kennedy aus dem Bethesda Naval Hospital betrachtete, war mir klar, daß 1963 in Amerika etwas faul war. Der alarmierendste Gedanke, den jemand seiner Regierung gegenüber wohl haben kann, ist der, daß er den Menschen, die sie ausüben, nicht vertrauen kann. Aber genau das dachte ich, als ich die offiziellen Autopsiefotos von Maryland vom 22.11.1963 prüfte.

Die Ärzte dort hatten den Zustand von John F. Kennedys Schädel beurkundet, der sich in einer Zeit von sechs Stunden und einer Distanz von eintausendfünfhundert Meilen beträchtlich verändert hatte. Man hatte große Mühe darauf verwandt, den hinteren Bereich des Kopfes wiederherzustellen, und der Schnitt in seiner Kehle, den Perry in Parkland für die Tracheostomie gemacht hatte, war vergrößert und verstümmelt. Es sah aus wie die Arbeit eines Metzgers. Ohne Zweifel hatte sich jemand eine Menge Probleme aufgehalst, um aus der Geschichte eine andere zu machen.

Noch beunruhigender war die Tatsache, daß zwei Augenzeugen, James Jenkins und Paul O'Connor, bei der Autopsie anwesend waren, die beschworen, Präsident Kennedy sei in einem mit einem Reißverschluß verschlossenen grauen Sack und in einem anderen Sarg – einem aus billigem Material – in das Naval-Krankenhaus gebracht worden. Und noch erstaunlicher war, daß diese Männer, die zahlreiche Tests und beträchtliche Schikanen über sich ergehen lassen mußten, um als glaubwürdig zu gelten, behaupteten, das Gehirn sei weg gewesen, als man den Körper aus dem grauen Sack gezogen habe.

Als der letzte Arzt, der Präsident Kennedys Körper in Parkland gesehen hat, kann ich eindeutig sagen, daß er nicht in einem grauen Leichensack lag und daß die linke Seite seines Gehirns noch vorhanden war.

Auch der »Warren-Kommissionsbericht« erscheint mir mysteriös. Während ich beobachtete, wie der Präsident langsam starb, gab es für mich absolut keinen Zweifel daran, daß ich zwei Wunden von von vorn eingetretenen Schüssen sah. Hätten wir ihn umgedreht, hätten wir eine dritte Einschußwunde an seinem Rücken zwischen den Schulterblättern entdeckt.

Und noch absurder ist die Theorie von der magischen Kugel, wonach ein Geschoß Präsident Kennedys Nacken durchschlug, dann Gouverneur Connallys Körper traf, sein Handgelenk zertrümmerte, um endlich tief im Oberschenkel steckenzubleiben.

Makabre und sensationsgierige Geschichten behaupteten, John Kennedy lebe noch im Keller des Parkland Hospital. Doch als Arzt kann ich Leben und Tod unterscheiden, und als wir Präsident Kennedy in den Sarg legten, war er *tot*.

13 Uhr 40

Oak Cliff – Dallas

Lee Harvey Oswald betritt das Texas Theatre in der East Jefferson Street im Bezirk Oak Cliff.

13 Uhr 45

Parkland Hospital – Dallas: Die »magische Kugel«

Der Krankenhausingenieur Darrell Tomlinson entdeckt auf einer Krankentrage eine intakte Kugel und gibt sie weiter an den Sicherheitsdirektor des Krankenhauses, O.P. Wright. Wright will die Kugel einem FBI-Agenten in Verwahrung geben, was dieser jedoch ablehnt. Daraufhin gibt er sie dem Secret-Service-Agenten Richard Johnson. (Beide, Tomlinson und Wright, wollten später eine Kugel, angeblich diejenige, die im Parkland Hospital gefunden wurde, nicht als die wiedererkennen, die sie an diesem Tag weitergegeben hatten. Nur Tomlinson wurde noch einmal von der Warren-Kommission zu diesem zentralen Beweisstück befragt, das kurze Zeit *nach* Jack Rubys Erscheinen im Hospital gefunden wurde.)

Diese Kugel sollte zum entscheidenden Bindeglied zwischen dem Attentat und dem Verdächtigen Oswald werden. Die Warren-Kommission, die es eilig hatte, Oswald als Einzeltäter, der den Präsidenten von hinten erschossen haben soll, anzuklagen, formulierte das folgende ungeheuerliche Drehbuch:

Oswald feuerte aus dem südwestlichst gelegenen Fenster im sechsten Stock des Book Depository. Das Geschoß traf den Präsidenten im oberen Rücken nahe der Wirbelsäule und trat an der Kehle genau unter dem Adamsapfel wieder aus. Dann stoppte es mitten in der Luft, flog nach rechts, dann nach links, dann nach unten und drang in den Rücken des Gouverneurs unterhalb des rechten Schulterblattes nahe der Achselhöhle ein. Die Kugel sauste durch Connallys Brust, zerschlug seine fünfte Rippe und verließ seinen Körper genau unter seiner rechten Brustwarze. Dann traf das Geschoß seinen Unterarm nahe am Handgelenk, zersplitterte den großen Radiusknochen, schoß aus der Innenseite des Vorderarms und blieb schließlich im linken Oberschenkel von Gouverneur Connally stecken. Von hier aus löste sich das Wunderwerk von Geschoß von selbst, reinigte sich von jeder Spur von Blut oder Gewebe und landete schließlich beinahe unversehrt unter der Matte einer Notaufnahmetrage.

Diese unglaubwürdige Theorie wurde der amerikanischen Öffentlichkeit als Tatsache präsentiert und diente dazu, Lee Harvey Oswald als den einzigen, ohne fremde Hilfe agierenden Mörder des Präsidenten anzuklagen. Dabei ignorierte die Warren-Kommission die unterbrochene Beweiskette des Geschosses, legte eine unrealistische Schußbahn zugrunde und billigte offensichtliche Fälschungen oder Veränderungen der Wunden am Körper des Präsidenten.

13 Uhr 50

Texas Theatre – Oak Cliff, Dallas

Lee Harvey Oswald wird im Texas Theatre verhaftet und zum Polizeipräsidium von Dallas gebracht. Die Umstände seiner Festnahme sind hochinteressant.

Johnny Brewer, der Leiter eines Schuhgeschäfts in der Nähe des Kinos, beobachtet, wie Oswald in das Kino geht, ohne zu bezahlen, und informiert die Kassiererin Julia Postal. Sie hat zwar nicht gesehen, wie Oswald das Kino betrat, meldet jedoch den Vorfall dem Kinobesitzer W.H. Burroughs. Burroughs erklärt, er habe gehört, daß die Eingangstüren geöffnet wurden, aber im Foyer niemanden hinter sich herkommen sehen. Er vermutet, daß Oswald die Treppe zum Balkon hochgegangen ist, und ruft die Polizei.

Innerhalb von Minuten halten mehrere Polizeiwagen (mit ungefähr fünfzehn Beamten) vor dem Kino, die FBI-Agenten Robert Barrett und Bardwell Odum gehen zusammen mit dem stellvertretenden Distriktanwalt von Dallas, Bill Alexander, und den Beamten in das Kino – um einen Mann festzunehmen, der verdächtigt wird, in ein Kino gegangen zu sein, ohne zu bezahlen. Alle Lichter des Hauses gehen an, und die Amtsmacht betritt das Kino, in dem zehn bis fünfzehn Leute sitzen. Ein Mann, der nahe beim Eingang sitzt, erklärt dem Beamten M.N. McDonald: »Der Mann, den Sie suchen, sitzt in der dritten Reihe von hinten, nicht auf dem Balkon.« McDonald schleicht gebückt durch den Gang in Oswalds Richtung, das Gewehr im Anschlag. Auf halbem Weg jedoch bleibt er stehen und spricht mit zwei Leuten. Während McDonald sich nähert, ist Oswald aufgestanden, und es kommt zu einer Rauferei. Andere Beamte kommen dazu und überwältigen den sich wehrenden Oswald, zerren ihn aus dem Kino und stoßen ihn in ein wartendes Polizeiauto.

Johnny Brewer bezeugt die Verhaftung und sieht »Fäuste fliegen (...), sie schlagen ihn«, und hört einen der Polizisten schreien: »Du hast den Präsidenten getötet!« Julia Postal läßt einen der Polizeibeamten das Telefon an ihrer Kasse benutzen und hört ihn sagen: »Ich denke, wir haben unseren Mann für beide Fälle.« S.L. Reed, der draußen vor dem Kino Fotos von dem Vorfall macht, hört zufällig, wie ein Beamter sagt, Oswald »hat den Präsidenten getötet«.

George Applin bezeugte nicht nur Oswalds Verhaftung, sondern auch, daß er Jack Ruby im Kino gesehen habe.

Die schnelle Festnahme von Lee Harvey Oswald wirft viele Fragen auf. Warum kümmern sich so viele Beamte um einen Mann, der sich in ein Kino schmuggelt? Wieso verläßt ein stellvertretender Distriktanwalt die Mordgegend um das Book Depository, um die Beamten in das Kino zu begleiten? Warum ist ein FBI-Agent an der Verhaftung beteiligt, die doch zu diesem Zeitpunkt nur auf ein lokales Vergehen schließen ließ? Warum gaben die Beamten bereits die Festnahme des Mörders von Präsident Kennedy und auch dem Beamten Tippit bekannt? Noch viel wichtiger allerdings ist die Frage, ob Jack Ruby wirklich bei dem Vorfall dabei war. Und wenn ja, warum? War es vielleicht Ruby persönlich, der die Beamten auf Oswald aufmerksam machte?

13 Uhr 57

Dealey Plaza – Dallas

Lee Bowers, immer noch auf seinem Posten im Eisenbahnturm nahe Dealey Plaza, berichtet Beamten aus Dallas, daß sich ein Mann in einem Eisenbahnwaggon versteckt habe. Bowers hatte den Zug gestoppt, nachdem er den sich verdächtig benehmenden Mann beobachtet hatte, wie er in einem Güterwaggon kauerte. Mehrere Beamte begaben sich dorthin und verhafteten mit vorgehaltener Waffe drei Männer. Sie wurden ins nahegelegene Büro des Sheriffs gebracht und später Captain Will Fritz vom Polizeipräsidium Dallas vorgeführt. Diese Männer sind nirgends registriert, und es gibt keinen offiziellen Bericht, daß sie jemals verhört worden sind. (Später, als man Fritz nach den Vergehen der drei verdächtigen Personen befragte, erwiderte er: »Sprechen Sie mit dem FBI, die können Ihnen helfen (...). Sie sind die einzigen, die etwas darüber haben.«)

Parkland Hospital – Dallas

Wie auf Kommando strömten mehrere Wachen in den Not-OP-Raum 1, gerade als der Sarg hinausgerollt wurde. Sie sahen aus wie ein Schwarm Heuschrecken, der sich auf einem Kornfeld niederläßt. Ohne eine Erklärung stellten sie sich um den Sarg auf und bildeten eine Eskorte, um den Körper des Präsidenten die Halle hinunter zum Ausgang der Notaufnahme zu begleiten. Ein Mann im Anzug mit einem Maschinengewehr in der Hand führte die Gruppe und ließ keinen Zweifel daran, wer da verantwortlich war. Er lächelte nicht, was seinen Gesichtsausdruck wohl am besten beschreibt. Außerhalb des Not-OP 1 schloß sich Jacqueline der Eskorte an und legte ihre Hand auf den Sarg, während sie neben ihm weiterging. Ich ging direkt hinter ihnen.

Als der Zug die Haupthalle erreicht hatte, trat Dr. Earl Rose, der Chef der gerichtsmedizinischen Pathologie, den Männern im Anzug entgegen. Roy Kellermann, der die Gruppe anführte, blickte Dr. Rose ernst an und sagte: »Mein Freund, das ist der Körper des Präsidenten der Vereinigten Staaten, und wir wollen ihn nach Washington zurückbringen.«

Dr. Rose wurde zornig und entgegnete: »Nein, so geht es nicht. Bei einem Mord müssen wir eine Autopsie machen.«

»Er ist der Präsident. Er kommt mit uns mit«, schnauzte Kellermann, lauter werdend.

»Der Körper bleibt«, gab Dr. Rose ebenso scharf zurück.

Kellermann reckte sich und legte das Gewehr an; die übrigen Männer im Anzug taten es ihm nach. Wie tapfer doch diese Männer mit ihren Ehrenabzeichen (mit Kennfarben versehene Knöpfe) waren, bereit, einen unbewaffneten Arzt zu erschießen, um eine Leiche zu schützen.

»Mein Freund, ich heiße Roy Kellermann und bin Spezialagent und verantwortlich für das Sonderkommando des Secret Service des Weißen Hauses. Wir bringen Präsident Kennedy zurück in die Hauptstadt.«

»Sie werden den Körper nirgendwohin bringen. Es gibt ein Gesetz hier, und wir werden es gerichtlich erzwingen.«

Admiral George Burkley, der medizinische Vorstand des

Weißen Hauses, sagte: »Mrs. Kennedy wird so lange hier stehenbleiben, bis man den Körper wegbringt. Wir können das nicht zulassen (...). Er ist der Präsident der Vereinigten Staaten.«

»Das spielt keine Rolle«, entgegnete Dr. Rose streng, »wir können die Beweiskette nicht unterbrechen.«

Zum zweitenmal an diesem Tag fragte ich mich, was wohl hinter all dem steckte, was hier vorging.

»Verdammt nochmal, geben Sie den Weg frei, bevor Ihnen etwas passiert«, schrie ein anderer Mann im Anzug, und ein dritter schnauzte: »Wir bringen den Körper jetzt weg.«

Wäre Dr. Rose nicht beiseite getreten, hätten diese Verbrecher ihn sicher erschossen. Sie hätten mich und jeden anderen, der sich ihnen in den Weg gestellt hätte, getötet. Dr. Kemp Clark versuchte den Sarg festzuhalten, doch diese Männer mit ihren Gewehren verhielten sich wie brutale Burschen mit einem Spezialauftrag. Siebenundzwanzig Jahre konnten die Angst und die düsteren Erinnerungen nicht abschwächen, die dieses Ereignis in mir auslöste.

Sie luden den Sarg in den Leichenwagen, Jacqueline setzte sich auf den Rücksitz, legte ihre Hand auf den Sarg und senkte den Kopf. Ich hatte das Gefühl, daß ich mit meinen dreißig Jahren für einen Tag mehr als genug gesehen hatte. Meine Armbanduhr zeigte 14 Uhr 08.

14 Uhr 15

Love Field – Dallas

Präsident Kennedys Körper wird an Bord der *Air Force One* gebracht. Jacqueline Kennedy begleitet den Sarg und bleibt die ganze Zeit bei ihm, bis auf einen kurzen Zeitraum, in dem sie an der Vereidigung von Präsident Johnson teilnimmt.

Beamte bringen den mutmaßlichen Täter Lee Harvey Oswald in das Gefängnis in die oberen Stockwerke der City Hall. Oswald hat eine frische Schürfwunde an der Stirn, und sein linkes Auge ist grünblau und geschwollen. Seine Kleidung ist in Unordnung und sein Haar zerzaust. Offensichtlich konnte man ihn erst nach einem Kampf festnehmen. Die Kriminalbeamten Richard Sims und Elmer Boyd bringen ihn in das Verhörzimmer.

Auf die Bekanntgabe hin, daß der Präsidentenmörder verhaftet und sein Name Lee Harvey Oswald sei, hetzt der FBI-Agent James Hosty zum Polizeipräsidium von Dallas. Er kennt Oswald sehr gut und war ihm nach dessen Umzug in die Nähe von Dallas zugeteilt worden. In den Wochen vor dem Präsidentenbesuch hatte der Agent Hosty zwei erfolglose Versuche unternommen, mit Oswald Kontakt aufzunehmen. Es war ihm nur gelungen, mit Oswalds Frau Marina und deren Freundin Ruth Paine zu sprechen. Oswald seinerseits hatte ebenfalls versucht, mit Hosty Kontakt aufzunehmen, und hatte der Sekretärin des Agenten im FBI-Hauptquartier eine Nachricht ausgehändigt.

Als der Agent Hosty die Treppen hinauf zum Verhörraum rast, trifft er auf Polizeilieutenant Jack Revill und sagt zu ihm: »Wir wußten, daß Lee Harvey Oswald imstande ist, ein Attentat auf den Präsidenten der Vereinigten Staaten auszuüben, aber wir hätten uns nie träumen lassen, daß er es wirklich tun würde.« Nie wurde die Bedeutung dieser seltsamen Bemerkung zufriedenstellend geklärt. Oberflächlich betrachtet scheint es jedoch ein weiterer eiliger Versuch zu sein, die Schuld an dem Mord dem verrückten Einzeltäter Lee Harvey Oswald in die Schuhe zu schieben.

Agent Hosty war schließlich gezwungen abzustreiten, daß er diese Bemerkung Revill gegenüber je gemacht habe, oder mußte sich mit der Frage auseinandersetzen, warum das FBI den Secret Service nicht alarmierte, wenn Oswald als Bedrohung für den Präsidenten bekannt war.

Hosty muß nach seinem Kontakt zu Oswalds Frau und deren Freundin Ruth Paine gewußt haben, daß Oswald im Texas School Book Depository, von dem aus man die Route der Autokolonne überblicken konnte, angestellt war. Mrs. Paine hatte wesentlich dazu beigetragen, daß Oswald diesen Job bekam.

14 Uhr 20

Captain Fritz brachte Oswald vom Verhörzimmer in sein Büro bei der Mordkommission. Dort waren außer Fritz die Kriminalbeamten Sims und Boyd, die FBI-Agenten James Bookhout, James Hosty und Joe Meyers sowie ein Secret-Service-Agent anwesend. Oswald wurde gefragt, ob er für das Texas School Book Depository gearbeitet habe, und er bejahte. Als man ihn fragte, in welchem Teil des Gebäudes er sich zur Zeit des Attentats aufgehalten habe, erklärte er, er sei im zweiten Stock beim Essen gewesen.

14 Uhr 30

Captain Fritz beauftragt drei seiner Kriminalbeamten, sich im Haus von Ruth Paine in der nahegelegenen Stadt Irving, wo sich auch Oswalds Frau aufhält, mit dem Hilfssheriff zu treffen. Die Beamten sollen das Gebäude durchsuchen.

Parkland Hospital – Dallas

Ich ging zum OP-Raum 5 im zweiten Stock, um Dr. Robert R. Shaw, Professor für Brustchirurgie, Dr. James Boland und Dr. James Duke, Chefärzte in der Brustchirurgie, bei der Operation an Gouverneur Connallys Brust zu beobachten. Die Diagnose ergab eine Einschußwunde in der Brust, einen Splitterbruch der fünften Rippe, eine Rißwunde im mittleren Lungenlappen und ein Hämatom im unteren Lappen der rechten Lunge. Nach einer Operation von einer Stunde und fünfundvierzig Minuten begannen Charles F. Gregory, Professor für orthopädische Chirurgie, und William Osborn, Chefarzt der Orthopädie, Connallys Arm zu operieren. Gleichzeitig arbeiteten Shires, Baxter, McClellan und Don Patmann, der ehemalige Chefarzt der Chirurgie, am linken Oberschenkel. Ich beobachtete, wie Dr. Osborn wenigstens fünf Kugelfragmente aus dem Arm des Gouverneurs entfernte und sie der Krankenschwester Audrey Bell aushändigte.

Ein Kugelstück im linken Oberschenkel des Gouverneurs wurde nicht entfernt, da es dort keine Gefahr für die Gesundheit darstellte.

Die Operation dauerte insgesamt drei Stunden und fünfzig Minuten und war um 16 Uhr 45 zu Ende. Danach fuhr man Connally in einen Raum, der zu einer Art Intensivstation gemacht worden war, indem man einen Teil des Raumes mit Bettlaken abgetrennt hatte. Nicht zu vergleichen mit den modernen Intensivstationen heute.

14 Uhr 38

Love Field – Dallas

An Bord der *Air Force One* werden Vorbereitungen für die Vereidigung von Lyndon Johnson getroffen. Die Bundesrichterin Sarah T. Hughes in Dallas, die von Johnson ins Amt berufen wurde, sollte ihn vereidigen. Für die Zeremonie wurde Präsident Kennedys private Bibel geholt. Mrs. Kennedy stand in ihrem immer noch blutbefleckten pinkfarbenen Kostüm neben Johnson. Die Richterin Sarah Hughes zittert, aber es gelingt ihr, die achtundzwanzig Sekunden lange Eidesformel zu sprechen.

15 Uhr 30

Paine-Haus – Irving

Die Beamten treffen am Wohnsitz von Michael und Ruth Paine, Nummer 2515 West Fifth Street in Irving, ein. Mrs. Paine begrüßt die Beamten an der Haustür und deutet an, daß sie sie erwartet habe. Sie bittet sie ins Haus und erklärt sich mit einer Hausdurchsuchung einverstanden. Die Beamten finden in der Garage eine Decke, die angeblich dazu benutzt wurde, ein Gewehr einzuwickeln. Das Gewehr finden sie jedoch nicht. Während dieser Zeit kommt Mr. Paine von der Arbeit nach Hause.

Welche Rolle Michael und Ruth Paine im Leben von Lee und Marina Oswald gespielt haben, ist unklar. Am interessantesten ist jedoch ein FBI-Bericht von einem Telefongespräch, das das Paar einen Tag nach dem Tod des Präsidenten führte. Man hört Mr. Paine sagen, er sei sicher, daß Oswald den Präsidenten getötet habe, glaube aber, Oswald sei nicht dafür verantwortlich. Paine erklärt weiter: *»Wir wissen beide, wer verantwortlich ist.«* Diese Bemerkung deutet darauf hin, daß Paine weiß, daß jemand, den sie kennen, Oswald angestiftet hat. Obwohl diese Information sich in den Händen des FBI befindet, wurde keiner von den Paines jemals offiziell nach dem Namen dieser mysteriösen *verantwortlichen* Person gefragt.

16 Uhr 00

An Bord der Air Force One

Irgendwo hoch über den Vereinigten Staaten wird dem neuen Präsidenten mitgeteilt, daß das Attentat die Tat eines verrückten Einzeltäters sei und daß KEINE VERSCHWÖRUNG EXISTIERE. Die Information kommt nicht aus Dallas, sondern aus der Hauptstadt. Entweder von Mc-

George Bundy oder Kommandeur Oliver Hallet aus dem Weißen Haus.

16 Uhr 35

City Hall – Dallas

Oswald wird von Beamten zur ersten Gegenüberstellung geführt. Obwohl er zum Zeitpunkt seiner Verhaftung bereits durchsucht worden ist, nehmen die Kriminalbeamten Boyd und Sims seltsamerweise noch eine Durchsuchung vor und finden in Oswalds Tasche fünf scharfe 38er Kugeln und einen Busfahrschein.

Helen Markham, die Augenzeugin bei Tippets Erschießung, betrachtet Oswald und die drei anderen Männer in der Reihe und macht ihre ziemlich fragwürdige Aussage.

17 Uhr 10

Andrews Air Force Base – Bethesda, Maryland

Auf der Andrews Air Force Base wird der Sarg in einen Krankenwagen geschoben, der die Leiche zur Autopsie ins Bethesda Naval Hospital bringen soll. Robert Kennedy, Jacqueline und General Godfrey McHugh sitzen neben dem Sarg im Fond des Wagens. Präsident Johnson steigt mit seinen Begleitern in einen Helikopter und fliegt zum Weißen Haus.

Parkland Hospital – Dallas

Obwohl ich eigentlich keinen Dienst hatte, blieb ich bei Gouverneur Connally, half seine Wäsche wechseln und überwachte diverse Laborgeräte. Ich beschäftigte mich wissenschaftlich mit Gerinnungsproblemen bei operierten Unfallpatienten, und wegen meines Forschungsinteresses auf diesem Gebiet der Medizin gestattete Dr. Shires mir, ihm bei der Operation des Gouverneurs zu assistieren.

18 Uhr 00

City Hall – Dallas

Der WFFAA-Radio- und Fernsehreporter Victor Robertson Jr. steht in der Halle nahe der Eingangstür zu Captain Fritz' Büro im dritten Stock. Zwei Polizeibeamte bewachen die Tür. Robertson sieht, wie Jack Ruby kommt und in das Büro gehen will. Einer der beiden Beamten hindert ihn daran, indem er sagt: »Du kannst da nicht rein, Jack.« Ruby macht einen Scherz und geht durch die Halle zurück zum Aufzug.

18 Uhr 30

City Hall – Dallas

Wieder wird Oswald zu einer Gegenüberstellung geführt. Der Busfahrer Cecil McWatters identifiziert Oswald als den Passagier, der kurz nach dem Attentat in seinem Bus fuhr. Ted Calloway und Sam Guinyard erklären, sie hätten Oswald mit dem Gewehr in der Hand von dem Ort, an dem man den Polizeibeamten Tippit erschossen habe, weglaufen sehen.

19 Uhr 00

Marina Oswald und Mr. und Mrs. Paine werden ins Polizeipräsidium gebracht. Als man Marina das Gewehr zeigt, das man angeblich im sechsten Stock des School Book Depository gefunden hatte, behauptet sie, es sei dem ihres Mannes »ähnlich«, aber sie sei sich »nicht sicher«. Die Beamten lassen sie das eidesstattlich erklären.

19 Uhr 00

Bethesda Naval Hospital – Bethesda, Maryland

Der Körper von Präsident Kennedy wird auf einen drei Meter langen Autopsietisch in der Mitte der Leichenhalle gelegt. In dem Raum sind nicht weniger als achtundzwanzig Personen, unter ihnen der Leibarzt des Präsidenten, Agenten von FBI und Secret Service, der Kommandeur des Naval-Medizinzentrums und der Stabsarzt der Navy.

Kommandeur J. J. Humes, der Laborleiter der Nationalen Hochschule für Medizin im Naval-Medizinzentrum von Bethesda, wählt J.T. Boswell, den Chefarzt der Pathologie, und P.A. Finck, den Chefarzt für Schußwundenpathologie am Pathologischen Institut der Streitkräfte des Walter-Reed-Medizinzentrums, Washington, ihm bei der Obduktion zu assistieren. Keiner dieser drei Männer war praktizierender Gerichtsmediziner oder hatte spezielle Sachkenntnisse, was die Untersuchung von Schußwunden betraf.

1979 ließ der Attentat-Sonderausschuß die Autopsieprotokolle im Fall Kennedy untersuchen und berichtete, daß sie voller Verfahrensfehler seien.

Sie beanstandeten folgendes:

1. Der Körper des Präsidenten wurde den für die Autopsie Verantwortlichen, der Behörde von Texas, gewaltsam weggenommen.
2. Diejenigen, die die Autopsie durchführten, hatten nicht genügend Praxis und Erfahrung, um einen Tod durch Erschießen richtig beurteilen zu können.
3. Die Ärzte, die den Präsidenten im Parkland Hospital behandelt hatten, wurden zu Beginn der Autopsie nicht zu Rate gezogen.
4. Nähere Umstände zur Zeit der Autopsie wurden durch den Pathologen nicht überprüft.
5. Es wurden keine speziellen Fotos gemacht.

6. Die Kleidung des Präsidenten wurde nicht untersucht.
7. Das Autopsieverfahren war unvollständig, denn:
   a) Es wurden keine Untersuchungen vorgenommen, um die Wunden exakt zu bestimmen.
   b) Die Kugelbahnen im Körper wurden nicht untersucht.
   c) Der Winkel der Kugelbahnen im Verhältnis zur Körperachse wurde nicht gemessen.
   d) Das Gehirn wurde nicht eigens untersucht und seziert.
8. Der Bericht ist unvollständig, falsch und ohne Fotos verfaßt.
9. Die Lokalisierung der Kopfwunde war falsch.
10. Andere Wunden am Körper des Präsidenten wurden nicht lokalisiert mit Bezug auf feste Orientierungspunkte, die eine Rekonstruktion der Kugelbahnen ermöglicht hätten.

Für diese eklatanten verfahrensrechtlichen Ungenauigkeiten und Fehler ist die Unerfahrenheit des Autopsieteams verantwortlich. Aber war die Unerfahrenheit und das unzulässige Verfahren schuld – oder war die Autopsie ganz bewußt gefälscht, um Oswald als den einzigen Attentäter hinzustellen und klarzustellen, daß es *keine Verschwörung* war? Was diese Frage betrifft, so kann man viel aus der sorgfältigen Analyse der Zeugenaussagen von Ärzten und Pflegern des Parkland Hospital erfahren. Ein Vergleich zwischen ihrer Beurteilung der Verletzungen mit der des Bethesda-Autopsieteams zeigt die unvereinbaren Widersprüche.

Wie die folgenden:

1. Im Parkland Hospital war an der rechten Kopfseite ein großes, klaffendes Loch, das sich vom Schläfenbereich bis zum Hinterkopf zog. Im Bethesda Naval Hospital ist

der hintere Teil des Kopfes intakt bis auf einen kleinen Einstich rechts von der Mittellinie nahe der Schädelbasis. Das große, klaffende Loch ist *nur* an der oberen rechten Seite; der Hinterkopf ist nicht beschädigt.

2. Im Parkland Hospital stellte man eine kleine Einschußwunde in der Kehle fast genau unter dem Adamsapfel fest, die sich zur Luftröhre hin leicht vergrößerte. Nach Untersuchungen von Bethesda wurde aus dieser Wunde ein siebeneinhalb Zentimeter großes, klaffendes Loch.

3. In Bethesda entdeckten die Pathologen eine Wunde im oberen Rückenbereich nahe der Wirbelsäule. Die Ärzte des Parkland Hospital wußten nichts von dieser Wunde. Bei ihrem Versuch, den Präsidenten wiederzubeleben, drehten sie ihn nicht einmal um, um seinen Rücken zu untersuchen.

Ein weiterer, offensichtlich noch wichtigerer Aspekt jeder Untersuchung von Einschüssen sind die Kugeln und Kugelfragmente. Im Falle der Autopsie des Präsidenten ist das Beweismaterial unzureichend, entstellt und völlig falsch, wie folgende Punkte zeigen:

1. *Die Kugel von der Krankenbahre:*
Diese sogenannte magische Kugel ist an anderer Stelle in diesem Buch schon erörtert worden. Wie berichtet, konnte diese Kugel später von Tomlinson und Wright nicht identifiziert werden. Ebensowenig konnte sie von dem Secret-Service-Agenten Richard Johnson, der sie entnahm, oder von dem Secret-Service-Chef James Rowley, dem sie Johnson überließ, identifiziert werden.

An der Kugel waren *keine* Blut- oder Gewebespuren; sie war offensichtlich ein ausgemachter Schwindel. Zu diesem späten Zeitpunkt ist es schwierig zu verstehen, wie diese Lüge jemals als Theorie ausgegeben werden konnte, geschweige denn als Wahrheit. Die Realität ist aber, daß mächtige und kluge Männer diese erlogene Theorie als Tatsachenbericht in die öffentliche Gerichtsakte aufnahmen. Wenn man sich das klargemacht hat, drängt sich einem die Frage nach den Motiven und Absichten der Verantwortlichen auf.

2. *Kugelfragmente:*
Die Warren-Kommission erhielt zwei Kugelfragmente, die man vor dem Wagen des Präsidenten gefunden hatte. Das eine stammte vom vorderen Teil der Kugel, der sogenannten Nase, während das zweite ein Teil des Kugelfußes war. Diese Fragmente waren stark beschädigt, so daß man nicht entscheiden konnte, ob sie von einer oder von zwei verschiedenen Kugeln stammten. Auf beiden fand man Spuren von Blut.

Drei kleine Bleisplitter wurden auf dem hinteren Trittbrett der Limousine gefunden. Einer wird laut Protokoll seit 1970 vermißt.

Obwohl behauptet wird, diese Fragmente stammten aus Oswalds Gewehr, sind das Ermittlungsverfahren und die Identifikation äußerst fragwürdig.

Bei der Autopsie wurden drei kleine Kugelstücke aus dem Kopf des Präsidenten entfernt. Röntgenaufnahmen zeigten viele winzige Splitter, die überall im Schädel verteilt waren.

3. *Ganze Geschosse:*
Zwei FBI-Agenten, die während der Autopsie anwesend waren, James Sibert und Francis O'Neil, bestätigten den Empfang eines Geschosses, das man bei der Untersuchung aus dem Körper entfernt hatte.

Die Empfangsbescheinigung ist der offiziellen Gerichtsakte beigefügt, obwohl das Geschoß nie wieder als Beweisstück auftauchte.

Captain David Osborne, der Chefarzt für Chirurgie in Bethesda, war ebenfalls bei der Autopsie dabei. Er erinnert sich, wie eine intakte Kugel auf den Autopsietisch fiel, als man die Kleidung des Präsidenten fortschaffte.

In Dallas wiederum fand ein FBI-Agent auf der Dealey Plaza kurz nach dem Attentat im Gras knapp hinter dem Bürgersteig in der Elm Street, nur wenige Meter von der Attentatsstelle, eine Kugel. Fotos zeigen deutlich, wie sich der Agent bückt, um die Kugel aufzuheben, und sie dann in seine Hosentasche steckt. Die Kugel taucht nie wieder auf, und es findet sich auch kein Bericht darüber in der offiziellen Gerichtsakte. Zeitungsreporter sowie Fotografen haben jedoch ihre Existenz dokumentiert. Die Ausgabe des Dallas Times-Herald vom 23. November berichtet: »Der Polizeibeamte J.C. Day vom Untersuchungsausschuß schätzte die Entfernung vom Fenster im sechsten Stock bis zu dem Punkt, wo *eine der Kugeln gefunden wurde,* auf hundert Meter.« Die Zeitschrift New Republic erklärt: »... Polizeibeamte durchsuchten das Gebiet neben der Straße, wo der Präsident getroffen wurde, und ein Polizeiinspektor teilte mir mit, daß sie *gerade eben eine zweite Kugel im Gras gefunden hätten.*«

4. *Gouverneur Connally:*
Wie durch Röntgenaufnahmen ermittelt wurde, hat Gouverneur Connally immer noch zwei kleine Kugelsplitter im Körper, die während seiner Behandlung im Parkland Hospital nicht entfernt worden waren. Offiziell wurden dem Gouverneur nur drei ganz winzige Kugelsplitter entfernt. Das wiederum bezweifelt die OP-Schwester Audrey Bell. Sie erklärt, daß ihr die Ärzte vier bis sechs kleine bis mittelgroße Kugelsplitter gaben. Ihre Behauptung wird vom texanischen Sicherheitsbeamten Charles Harbison, dem sie die Bruchstücke gab, bestätigt. Er wiederum reichte sie an das FBI weiter. Der Bericht des Attentat-Sonderausschusses

stellt fest, daß »die Etikettierung und der Umgang mit diesem Beweismaterial so unzureichend gewesen seien, daß es hätte Schwierigkeiten geben können, es als Beweismaterial im Gerichtsverfahren zuzulassen«.

Und um die Angelegenheit noch komplizierter zu machen, wurde die Kleidung des Gouverneurs, die für die Untersuchung doch äußerst wichtig war, von unbekannten Personen gereinigt, bevor sie der Behörde übergeben wurde.

Der Attentat-Sonderausschuß, der die Umstände des Attentats auf Präsident Kennedy erneut untersuchte, beschloß, die medizinischen und ballistischen Ermittlungsergebnisse der Warren-Kommission anzuerkennen, trotz fehlender und qualitativ schlechter Autopsiefotos, nicht überprüfter Röntgenbilder, fehlender Gewebeproben und obwohl die Verletzungen und das Gehirn nicht untersucht und Originalnotizen über die Autopsie verbrannt worden waren.

(Diese Aufzeichnungen wurden von Kommandeur Humes, dem Chefarzt der Pathologie, am Sonntagmorgen nach dem Attentat zu Hause in seinem Kamin verbrannt. Eine vernünftige Erklärung dafür wurde nie gegeben.)

Daher basiert die Entscheidung des Ausschusses auf mangelhaftem Beweismaterial. Der Ausschuß läßt alle Zeugenaussagen und alles Beweismaterial, das mit der Einzeltätertheorie seines Vorgängers, der Warren-Kommission, nicht übereinstimmte, außer acht.

Was das fehlende Autopsiematerial betrifft, erklärt der Ausschuß: »... wie Beweise andeuten, hat Robert Kennedy entweder dieses Material zerstört oder *es unzugänglich hinterlegt*«.

Hätte Robert Kennedy, der Bruder des Präsidenten, die Todesumstände untersuchen lassen können, wenn er selbst Präsident geworden wäre?

Am 3. Juni 1968, drei Tage, bevor er selbst ermordet wurde, erklärte er vor einer Studentenversammlung im San Fernando State College in Kalifornien: »... Nur die Macht des Präsidenten kann die Geheimnisse um den Tod meines Bruders lüften.«

Nach Roberts Tod war Evelyn Lincoln, die Privatsekretärin von Präsident Kennedy, besorgt um das Autopsiematerial. Um sicherzugehen, daß die Familie Bescheid wußte, wurde Ted Kennedy informiert. Er erwiderte, daß alles unter Kontrolle sei.

19 Uhr 03

City Hall – Dallas
Oswald wird vom Friedensrichter David Johnston des Mordes an dem Beamten Tippet angeklagt. Captain Fritz unterschreibt die Klage. Der Distriktanwalt Bill Alexander ist anwesend.

19 Uhr 55

Jeanette und Virginia Davids, die in der Nähe des Tatorts wohnen, werden in den Gegenüberstellungsraum geführt. Es ist Oswalds dritte Gegenüberstellung. Die beiden identifizieren Oswald als denjenigen Mann, der unmittelbar nach der Schießerei über ihren Hof gelaufen sei und dabei eine Pistole entladen habe.

20 Uhr 55

Die Kriminalbeamten J.B. Hicks und Robert Studebaker bringen Oswald in die Mordkommission, um Fingerabdrücke zu machen. Wenige Minuten später kommt der Kriminalbeamte Pete Barnes herein, und die drei Männer nehmen Paraffinabdrücke von Oswalds Händen und seiner rechten Wange für die Laboruntersuchung. (Der Test war im Fall seiner Hände positiv, im Fall seiner rechten Wange negativ; das bedeutet, daß Oswald möglicherweise mit einem Revolver geschossen hat, *nicht* aber mit einem Gewehr.)

21 Uhr 00

Buell Wesley Frazier und seine Schwester Minnie Randle kommen zur schriftlichen Zeugenaussage in die Mordkommission. Oswald war am Morgen des Attentats mit Frazier zusammen zum School Book Depository gefahren. Beide bestätigen, daß Oswald ein Paket bei sich gehabt habe.

21 Uhr 30

Innenstadt – Dallas

Der Wächter von Nichols Parkgarage gleich neben Rubys Carousel Club wird von Jack Ruby angerufen. Dieser bittet den Wächter, Little Lynn, einer der Striptease-Tänzerinnen, fünf Dollar zu geben, die er ihm, wenn er in den Club komme, zurückgeben werde. Der Wächter ist damit einverstanden, bittet die Tänzerin aber, ihm den Empfang des Geldes auf einem Notizblock zu unterschreiben. Es ist das erste Mal, daß Ruby den Wächter um etwas bittet.

Ungefähr dreißig Minuten später erscheint Ruby in der Parkgarage und gibt dem Wächter sein Geld zurück. Ruby hat noch eine ungewöhnliche Bitte. Der Wächter möge das von Little Lynn unterschriebene Stück Papier doch in der automatischen Uhr der Parkgarage für ihn abstempeln. Wieder erfüllt der Wächter ihm seinen Wunsch; das Papier ist jetzt mit Datum und Uhrzeit versehen: »23. November 1963, 22 Uhr 33«. Ruby verläßt die Garage in Richtung City Hall, die nur ein paar Blocks entfernt ist.

23 Uhr 00

Oswald wird in eine Gefängniszelle gesperrt.

Bethesda Naval Hospital – Bethesda, Maryland

In Bethesda beginnt die Autopsie der Leiche von Präsident Kennedy. Ganz in der Nähe warten Robert Kennedy und Freunde der Familie auf die Ergebnisse.

Parkland Hospital – Dallas

Während wir auf die Testergebnisse warteten, tranken Dr. Duke und ich Kaffee, rauchten und unterhielten uns über diesen aufregenden Tag. Ich erinnere mich, daß ich in dieser Nacht des öfteren im Anästhesieraum stehenblieb, um die Berichterstattung über das Attentat zu verfolgen. Und ich hatte das Gefühl, daß vor allem Reporter sich die Tragödie zunutze machten, um aufzusteigen. Ich glaube nicht, daß wir in Parkland, und ich besonders, unter diese Kategorie fielen, was schon daran deutlich wird, daß ich siebenundzwanzig Jahre mit dem Schreiben dieses Buches gewartet habe. Die meisten der Ärzte dort hatten schon fast das Pensionsalter erreicht. Wenn wir die Absicht gehabt hätten, uns mit dem, was wir erlebt hatten, in den Medien zu profilieren, hätten wir damit schon viel früher begonnen.

Als sich der Prothrombingehalt von Gouverneur Connally normalisiert hatte, entschloß ich mich, nach Hause zu gehen. Ich verließ das Krankenhaus und ging zum Parkplatz. Meine Beine fühlten sich schwach an, und ein heftiger Nordwind ließ mich erschauern. Was mich wirklich beunruhigte, hatte allerdings nichts mit dem Wetter zu tun, sondern mit dem abrupten Regierungswechsel.

Die Vereinigten Staaten würden nie mehr das sein, was sie einmal waren. Der neue Präsident hatte einen anderen Weg eingeschlagen, das Land zu regieren, andere Vorstellungen, Meinungen und Träume als sein Vorgänger.

Kaum hatte ich meine Wohnung erreicht, als Nachbarn und Freunde über mich herfielen, um zu erfahren, was in Parkland passiert war. Ich war sehr vorsichtig mit dem, was ich ihnen erzählte, denn ich wußte, wie unterschiedlich die Berichterstattung über das Attentat war. Ich wollte erst Genaueres in Erfahrung bringen, bevor ich zuviel sagte. Immer noch verfolgte mich der Blick des Mannes mit dem Maschinengewehr.

Nachdem ich mehrere Stunden von meinem Tag erzählt hatte, gingen alle, und meine Frau legte sich zu Bett. Es war zwei Uhr nachts, und ich las noch in einer medizinischen Zeitschrift, um mich abzulenken. Nicht so einfach, wenn man Zeuge war, wie der Präsident der Vereinigten Staaten starb. Während ich las, fragte ich mich immer wieder: Wie willst du das jemals vergessen? Was wirst du weiter tun? Und jedesmal war die Antwort: Weiterarbeiten – schon in drei Stunden.

Bevor ich zu Bett ging, schaltete ich für einige Minuten den Fernseher ein. Drei Sender brachten noch Meldungen. Jetzt sah ich zum erstenmal Lee Harvey Oswald und hörte, daß er angeblich vom sechsten Stock des Texas School Book Depository aus den Präsidenten erschossen habe. Sie zeigten den Präsidenten, der aus seiner Limousine der Menge zuwinkte, und ich konnte es kaum fassen, daß ich wenige Stunden zuvor dabei war, als er starb, und seine trauernde Witwe umarmte.

Als ich im Dunkeln zum Badezimmer tapste, genau wie dreiundzwanzig Stunden zuvor, war ich total ausgelaugt. Viel zu früh begann mein Dienst, der erst am Sonntagmorgen um 9 Uhr zu Ende sein würde. Ich ging zu meinem Sohn ins Zimmer und küßte ihn auf die Stirn. Mir blieb so wenig Zeit für ihn, aber was konnte ich anderes tun?

Ich schloß die Tür, machte Licht und sah in den Spiegel. Das Gesicht, das mich anstarrte, sah zehn Jahre älter aus als am Morgen zuvor.

23 Uhr 20

City Hall – Dallas

Buell Frazier, der Angestellte des School Book Depository, der Oswald am Morgen des Attentats zur Arbeit gefahren hatte, wird verhaftet und zum Verhör gebracht. Sein Gewehr, eine geladene British 303 Enfield, wird beschlagnahmt, und er wird durchsucht.

Zum vierten Mal wird Oswald von seiner Zelle in den Gegenüberstellungsraum geführt. Diesmal muß er sich für eine Pressekonferenz zur Verfügung stellen.

Nach seinem geschickten Täuschungsmanöver in Nichols Parkgarage betritt Jack Ruby die City Hall. (Rückblickend war das der Versuch, sich ein Alibi für den Fall zu verschaffen, daß es ihm gelungen wäre, Oswald zu diesem Zeitpunkt zu ermorden.)

Obwohl er Besitzer des Nachtclubs ist, hat Ruby viele Freunde unter den Polizeibeamten von Dallas. Diese Freundschaften erlauben ihm Zutritt zu Räumen, die für andere Bürger verboten sind. Während der Pressekonferenz mit Oswald steht er *mit einer geladenen Pistole in der Tasche* an einem Tisch im hinteren Teil des Raumes.

Nachdem Oswald die Fragen der Reporter beantwortet hat, wird er wieder in seine Zelle gebracht. Der Distriktanwalt Henry Wade bleibt noch da und erklärt den Reportern in groben Zügen Oswalds Aktivitäten und Hintergründe. Dabei behauptet er auch, Oswald sei Mitglied des *Free Cuba Committee*. Sofort klärt Ruby Wade auf, daß er das *Fair Play for Cuba Committee* meine. Nur jemand, der mit der kubanischen Politik zu diesem Zeitpunkt vertraut ist, kennt den Unterschied zwischen dem *Free Cuba Committee,* einer *Anti*-Castro-Organisation, und dem *Fair Play for Cuba Committee,* einem *Pro*-Castro-Netzwerk. Rubys Wissen über diese oppositionellen Organisationen rührt von seinen engen Kontakten mit Kuba nahestehenden Gangstern und seinem Waffenschmuggel nach Kuba her.

23 Uhr 26

Polizeichef Curry und der Distriktanwalt von Dallas, Henry Wade, beschließen, Oswald des Mordes an Präsident Kennedy anzuklagen. Captain Fritz unterschreibt die Klage und gibt sie Wade und seinem Assistenten Bill Alexander.

ZWEITER TAG
SONNABEND, DER 23. NOVEMBER 1963

0 Uhr 10

Gefängnis – Dallas

Wahrscheinlich zum fünftenmal wird Oswald zur Gegenüberstellung in den ersten Stock gebracht. Diesmal wird er von allen Kriminalbeamten der Mordkommission sowie zahlreichen anderen Kriminalbeamten und uniformierten Polizeibeamten begleitet. Er bleibt nur fünf Minuten dort. Ihm wird keine Erklärung und kein Grund für diese Gegenüberstellung gegeben. Wurde diese Gelegenheit dazu benutzt, eine Wanze in seiner Zelle zu installieren oder die Zelle zu durchsuchen? Oder beides? Er wird anschließend in den vierten Stock des Gefängnisses gebracht, wo man ihn erneut (das dritte Mal) durchsucht und alles notiert.

0 Uhr 20

Oswald wird die Nacht über in eine Zelle im fünften Stock des Gefängnisses gesperrt.

1 Uhr 35

Dem Polizeibericht zufolge wird Lee Harvey Oswald vom Friedensrichter David Johnston zum Mord an Präsident Kennedy vernommen. Einige Stunden zuvor war Anklage gegen Oswald wegen des Mordes an Tippet erhoben worden. Die Vernehmung erfolgte einige Minuten später. Im Fall des Mordes am Präsidenten fand die Vernehmung jedoch erst zwei Stunden nachdem die Klage unterschrieben war statt. Es ist sehr zweifelhaft, ob er überhaupt zu den Anklagepunkten vernommen wurde.

Falls Oswald um 1 Uhr 35 vernommen wurde, welchen Grund gab es für diese lange Verzögerung? Und warum wurde er mitten in der Nacht aus der Zelle geholt? Normalerweise finden Vernehmungen am Montagmorgen statt, wenn das Gericht wieder arbeitet.

Vielleicht kann die mitternächtliche Pressekonferenz mit Oswald etwas Licht in dieses Verwirrspiel bringen. Oswald wurde von einem Reporter gefragt: »Haben Sie den Präsidenten getötet?« Und Oswald erwiderte: »Deswegen bin ich nicht angeklagt. *Tatsache ist, daß mir das bisher niemand gesagt hat.* Ich habe es das erste Mal gehört, als mir Reporter in der Halle diese Frage gestellt haben.« Täuschte Oswald Unwissenheit vor, oder hat man ihn wirklich nicht darüber informiert, daß er verdächtigt wurde, den Präsidenten getötet zu haben?

Die Polizei von Dallas versuchte, keinen Zweifel daran zu lassen, daß sie den Fall schnell und wirksam gelöst hatte und daß Oswald des Mordes an Kennedy angeklagt worden war. Dieser eigennützige Versuch wurde von einem FBI-Dokument entschieden bestritten. Es erklärt: »Es wurde keine Vernehmung des Täters in Zusammenhang mit dem Mord an Präsident Kennedy durchgeführt, da eine solche Vernehmung hinsichtlich der vorangegangenen Anklageerhebung gegen Oswald, für die er vernommen wurde, nicht nötig war.«

3 Uhr 40

Weißes Haus – Washington, D.C.

Endlich trifft die Leiche des Präsidenten im Weißen Haus ein und wird in den Ostflügel gebracht. Eigentlich sollte der Körper um 22 Uhr, neuneinhalb Stunden nach dem Attentat, ankommen. Die geplante Ankunftszeit verschob sich jedoch auf 23 Uhr, dann auf 24 Uhr, auf 1 Uhr, 2 Uhr, 3 Uhr, bis er schließlich um 3 Uhr 40 das Weiße Haus erreichte. Fünfzehn Stunden waren seit den Schüssen von Dallas vergangen. Auf die Verzögerung hin angesprochen, antwortete der Chefarzt des ermordeten Präsidenten, Dr. George Burkley: »Es hat länger gedauert, als erwartet«. Er wurde nie gefragt und erklärte auch nie, was dieses »Es« bedeutete. Jacqueline Kennedy begleitete den mit Flaggen drapierten Sarg in den Ostflügel. Sie trug immer noch das blutbefleckte pinkfarbene Kostüm, obwohl sie mehrmals gebeten worden war, sich umzuziehen. Sie hatte entgegnet: »Nein! Ich möchte, daß SIE sehen, was SIE getan haben.«

7 Uhr 30

Oswald wacht auf, frühstückt und wird wiederholt von verschiedenen Personen befragt.

Parkland Hospital – Dallas

»Wie ist Ihr Name, Sir?« dröhnte die tiefe, höfliche Stimme eines Polizeibeamten.

»Dr. Charles Crenshaw«, antwortete ich. »Ich bin Chirurg an diesem Hospital.«

Als ich in meine Tasche griff, um meinen Ausweis herauszuholen, nickte der Verwaltungsassistent von Parkland, der neben dem Polizeibeamten stand, bestätigend mit dem Kopf, und ich konnte passieren. Ich trat durch die Tür, und die Vermutung, die ich auf dem Parkland-Parkplatz hatte, bestätigte sich – es würde wieder ein außergewöhnlicher Tag werden.

Überall standen Fahrzeuge von Nachrichtenorganisationen, Polizei sowie Staats- und Bundesbehörden. Wachsam patrouillierten Beamte über das Gelände zwischen Hospital und der Hochschule für Medizin. Die Polizei glaubte anscheinend immer noch, daß Gouverneur Connally ermordet werden sollte.

Hektisch suchten Zeitungsreporter das Gelände nach jedem ab, der einen weißen Kittel trug, um an ein Interview zu kommen. Die Polizei machte sich Sorgen um die allgemeine Sicherheit, und das Personal bemühte sich, seine Arbeit zu tun. Die Männer im Anzug schlichen immer noch herum und verbreiteten eine Atmosphäre der Beklommenheit und Angst. Ihr Pokerface-Blick schien ständig zu sagen, hau ab.

»Dr. Crenshaw, erzählen Sie mir, wie Sie den Präsidenten behandelt haben«, fragte mich ein Reporter und trat mir auf dem Weg in den Notaufnahmeraum in den Weg. Höchstwahrscheinlich hatten sie jeden Arzt, der im Not-OP 1 gewesen war, ausgemacht.

»Hat er noch irgend etwas gesagt, bevor er starb?« fragte ein anderer Reporter.

»Wie oft wurde auf ihn geschossen?« rief wieder jemand, während immer mehr Zeitungsleute mich einkreisten.

»Wie ist das Befinden von Gouverneur Connally?« wollte eine Stimme wissen.

»Glauben Sie, daß Oswald vom Gebäude des School Book Depository aus Kennedy von hinten in den Kopf geschossen hat?« fragte ein Mann von CBS, während die Kamera auf mich gerichtet wurde.

Die Fragen schockierten mich. Sofort schossen mir alle möglichen Überlegungen durch den Kopf. War Oswald der einzige Attentäter, so hatten sie ihren Wahnsinnigen. Erzählte ich ihnen die Wahrheit, daß Präsident Kennedy von vorne erschossen wurde, hatten sie mehr als einen Schützen, dann hatten sie ihre Verschwörung.

Dann erinnerte ich mich daran, wie der Agent Hill im Not-OP-Raum 1 mit seiner Pistole herumgefuchtelt hatte und wie die Männer im Anzug den Körper des Präsidenten aus Parkland fortgeschafft hatten, noch bevor eine Autopsie gemacht worden war – wie sie Earl Rose und jeden anderen, der sich ihnen in den Weg stellte, erschießen wollten –, wie schnell man die Limousine des Präsidenten weggefahren hatte, als die Medizinstudentin das Loch in der Windschutzscheibe entdeckte. Alle Beteiligten spielten ein gefährliches Spiel. Zum erstenmal spürte ich den schleichenden Einfluß der Korruption, und mir schauderte.

Fast mechanisch erwiderte ich: »Gestern wurde eine offizielle Erklärung abgegeben. Ich habe dem nichts hinzuzufügen. Und würden Sie mich jetzt bitte entschuldigen.« Mit dieser Bemerkung drehte ich mich um und bahnte mir einen Weg durch die Menschenmenge zur Notaufnahme. In diesem Moment begann die *Verschwörung des Schweigens.* Keiner hatte mich gefragt oder mich darum gebeten, noch hatte man mich offiziell unter Druck gesetzt. Ich handelte aus einem instinktiven Überlebensgefühl heraus, wie schon so oft in meinem Leben, während der Hochschulzeit, als Assistenzarzt und während eines der besten chirurgischen Ausbildungsprogramme dieses Landes. Sonst hätte ich sagen müssen, »Oh, nein, Oswald hat ihn nicht in den Kopf geschossen, denn der Präsident wurde von vorne erschossen.« Keiner von uns Ärzten wäre bereit gewesen, das zu sagen. Uns allen lag unsere medizinische Karriere zu sehr am Herzen.

Am Tag zuvor hatten die Ärzte Malcolm Perry und Kemp Clark auf einer Pressekonferenz im Hospital die Meinung vertreten, der Präsident müsse sich nach rechts gedreht haben, als er erschossen wurde. Sie sagten das, weil sie ebenfalls glaubten, die Kugel, die durch den Kopf des Präsidenten drang, sei von vorn eingetreten. Doch als die Filme zeigten, daß sich der Präsident nicht zur Seite gedreht hatte, wurde nicht weiter darüber gesprochen. Ich kann Clark und Perry deswegen nicht verurteilen. Auch sie hatten die Männer im Anzug beobachtet und von dem Zwischenfall mit Dr. Rose gehört. Jeder Arzt, der im Not-OP 1 gewesen war, hatte seine eigenen Gründe, die »offizielle Meinung« nicht vor der Öffentlichkeit zu widerlegen.

Unser Schweigen hatte einen gemeinsamen Nenner – die furchtbare Erkenntnis, daß es große Probleme geben würde, wenn wir die medizinische Wahrheit bekanntgaben. Obwohl wir nie darüber gesprochen hatten, war uns bewußt, daß die aufgebaute Geschichte so mächtig, so vollendet dargestellt und so unwidersprechlich akzeptiert wurde, daß jeder, der sich ihr in den Weg stellte, erledigt wäre. Ich hatte genauso große Furcht vor den Männern im Anzug wie vor den Männern, die das Attentat auf den Präsidenten verübt hatten. Ich vermute, daß jeder, der so weit geht, den Präsidenten der Vereinigten Staaten aus dem Weg zu räumen, auch nicht davor zurückschreckt, einen Arzt zu töten.

Es war nicht so, daß wir Ärzte ein Interesse daran gehabt hätten, die Ein-Gewehr-, Ein-Mann-, Ein-Attentäter-Theorie anzuzweifeln. Wir sind Ärzte und keine Untersuchungsbeamten der Polizei; Detektivarbeit ist nicht unser Job. Aber in diesem Fall sprach das medizinische Beweismaterial ganz klar gegen die Aussage der Warren-Kommission.

Dr. J.J. Humes, der Arzt, der die Autopsie in Bethesda vorgenommen hatte, rief Dr. Perry an und erkundigte sich nach der Nackenwunde. Bis dahin hatte Dr. Humes nicht gewußt, daß eine Kugel in den Hals des Präsidenten gedrungen war – nur, daß man an dieser Stelle eine Tracheostomie vorgenommen hatte. Nach diesem Vorfall fragten wir uns, welche Fähigkeiten und Qualifikationen das Autopsieteam wohl gehabt hatte. Wir hörten Berichte, denen zufolge diese Ärzte seit Jahren keine Autopsie mehr durchgeführt hatten. Und als ich kürzlich die Autopsiefotos sah, wußte ich, daß da etwas schiefgegangen war. Wäre die Leichenöffnung in Parkland vorgenommen worden, wären mehr Fragen aufgetaucht, und die Autopsiefotos hätten eine andere Geschichte dokumentiert, eine, die die Untersuchung in eine andere Richtung gelenkt hätte.

Ich habe mir oft überlegt, was passiert wäre, wenn ich direkt in die Kamera geschaut und mutig behauptet hätte,

Präsident Kennedy wurde von vorn in Kopf und Hals geschossen. Jetzt, nach den vielen Jahren, bin ich mir bewußt, daß solch ein Mut völlig sinnlos und selbstmörderisch gewesen wäre. Die Wahrheit hätte so viele Chancen gehabt wie ein Junikäfer im Hagelsturm, und ich hätte mich nicht besser gefühlt.

Die östliche Presse brachte uns als Ärzte und Parkland als Hospital schon in Mißkredit. Man war verdächtig, wenn man etwas mit Dallas zu tun hatte. Man hätte sich durch die Äußerung seiner unerschütterlichen ärztlichen Meinung, die im Widerspruch zur offiziellen Geschichte stand, nur zu ihrer personifizierten Zielscheibe gemacht. Ich habe nie verstanden, warum die Regierung sich nicht richtig verhalten hat, warum die Presse so unkritisch war und warum die amerikanische Bevölkerung nach dem Mord an Robert Kennedy nicht Los Angeles verurteilte, wie sie es mit Dallas nach dem Attentat getan hatte.

Was die Öffentlichkeit betraf, war die Hospitalverwaltung paranoid, gerade zu einer Zeit wie dieser. Eine Krankenpflegestudentin war schon in Ungnade gefallen und flog später von der Hochschule, weil sie die Presse darüber informiert hatte, wieviel Bluteinheiten Gouverneur Connally bekommen hatte.

Obwohl die Verwaltung keine offiziellen Erklärungen abgab, herrschte stillschweigendes Übereinkommen, eine unausgesprochene Warnung, daß jeder, der intelligent genug war, eine Karriere als Mediziner anzustreben, ebenso klug sein solle, seinen Mund zu halten. Wir waren alle junge Ärzte, die jahrelang gekämpft und Opfer gebracht hatten, um diese Stufe des Erfolgs zu erreichen. Und wir verdienten gut in unserem Beruf. Der Gedanke, auf das alles verzichten zu müssen, war mir unerträglich.

Ich hastete durch den Notaufnahmeraum, wich den Reportern aus, eilte durch die Entbindungs- und gynäkologische Station und betrat das Treppenhaus, wo ich am Tag zuvor mit Dr. McClelland zum Not-OP-Raum 1 hochgelaufen war. Ich machte mir Sorgen um Connallys Blutwerte, und schließlich hatte ich noch andere Patienten, um die ich mich kümmern mußte. Selbst hier auf den Treppenstufen saßen Reporter und warteten auf vorbeikommende Ärzte. Zwei von ihnen folgten mir zum zweiten Stock hinauf.

Auch in der Chirurgie herrschte Chaos. Ein texanischer Ranger in Stiefeln und riesigem Texashut bewachte den Eingang zum Anästhesieraum. Er war fast zwei Meter groß. Wieder wurde ich erkannt und durfte passieren. Ich ging sofort in die Ärzteumkleide und zog mich um. Auch wenn ich jetzt wie ein Arzt aussah, mußte ich mich dennoch an jedem Sicherheitskontrollpunkt des Hospitals ausweisen.

Wenige Minuten später betraten Dr. Shires und ich das Zimmer von Gouverneur Connally. Seine Frau saß in der behelfsmäßig eingerichteten Intensivstation. Früh am Morgen hatten die Ärzte Shaw und Duke Connally bereits untersucht. Sie kontrollierten den Schlauch in seiner Brust, um sicherzugehen, daß seine Lunge nicht kollabierte. Um seine Lungen auszudehnen und eine Lungenentzündung zu vermeiden, brachte man den Gouverneur künstlich zum Husten, was aufgrund seiner gebrochenen Rippe äußerst schmerzhaft war.

Normalerweise schaut ein Chefchirurg nur zu, während die Wäsche des Patienten gewechselt wird. Aber Dr. Shires bemühte sich persönlich, und ich fand das angebracht. Wäre ich Gouverneur, würde ich auch diese Art der Pflege erwarten. Gouverneur Connally war munter, und es schien ihm besserzugehen. Jeden Tag brachte man ihn in ein anderes Zimmer der Krankenstation, um einen erneuten Attentatsversuch vom Fenster aus zu vermeiden. Aber nichts dergleichen ereignete sich in Parkland. Sein Unglück war offensichtlich nur die Tatsache gewesen, daß er in einer Limousine fuhr mit einem Mann, der sterben sollte, und daß er von einer Kugel getroffen wurde, die nicht für ihn bestimmt war.

Nachdem ich mich um meine restlichen Patienten gekümmert hatte, ging ich in die Arztkantine. Viele Ärzte saßen dort, tranken Kaffee und diskutierten über das Attentat. Im anderen Teil der Kantine verfolgten viele im Fernsehen, wie mißbilligend über Dallas gesprochen wurde. Jeder war melancholisch, bewegte sich kaum, stand immer noch unter Schock. Parkland hatte den berühmtesten Patienten, den es je hatte, verloren, und Dallas ging als dubioser Ort in die Geschichte ein.

10 Uhr 30

City Hall – Dallas
Oswald wird von seiner Zelle in Captain Fritz' Büro gebracht zum zweiten von fünf offiziellen Verhören. Neben Fritz und anderen Beamten der Mordkommission waren die Secret-Service-Agenten Forest Sorrels und James Bookhout anwesend sowie der US-Marshall Robert Nash.

11 Uhr 30

City Hall – Dallas
Der Friedensrichter Joe B. Brown Jr. überreicht den Polizeibeamten Elmer Boyd, C.N. Dhority und Ray Hall einen Durchsuchungsbefehl für Oswalds Pensionszimmer. Sie begeben sich dorthin und durchsuchen erneut das Zimmer.

11 Uhr 33

Nach dem zweiten Verhör wird Oswald in seine Zelle zurückgebracht.

12 Uhr 30

Der Friedensrichter Joe B. Brown Jr. händigt den Polizeibeamten Gus Rose, Richard Stovall, John Adamcik und

Elmer Moore einen Durchsuchungsbefehl für das Haus von Michael und Ruth Paine in der 5. Straße 2515 West in Irving aus. Marina Oswald wohnte mit den beiden Kindern bei den Paines, seit sie von New Orleans weggezogen war. Oswald war Donnerstag nacht dort, um seine Familie zu besuchen. Nach der Verhaftung ihres Mannes hatte das FBI Marina und ihre Kinder schnell wegbringen lassen und in Schutzhaft genommen. Zuerst wohnten sie im Hotel *Adolphus,* dann im *Executive Inn Motel* und schließlich im *Inn of Six Flags* in der Nähe von Arlington. Bei der Durchsuchung waren sie nicht anwesend. Die Beamten beschlagnahmten mehrere Gegenstände, die Oswald gehörten.

12 Uhr 35

Oswald wird wieder in Captain Fritz' Büro gebracht zum dritten Verhör seit seiner Verhaftung. Der FBI-Agent Bookhout und der Secret-Service-Agent Kelly sowie Beamte der Mordkommission und ein Mann namens George Carlston sind anwesend. Zum erstenmal zeigen sie Oswald einen kleinen Schnappschuß, das später so berühmte Foto, auf dem Oswald ein Gewehr in der einen Hand, in der anderen eine kommunistische Zeitung und am Hüftgürtel einen Revolver trägt. Oswald äußert sich nicht dazu.

13 Uhr 10

Das Verhör von Oswald ist beendet, und er wird in seine Zelle zurückgebracht. Seine Frau Marina und seine Mutter Marguerite besuchen ihn zwanzig Minuten.

14 Uhr 15

Zum letztenmal bringt man Oswald hinunter zu einer Gegenüberstellung. Diesmal identifizieren zwei Taxifahrer, William Whaley und W.W. Scoggins, Oswald. Scoggins sagt aus, Oswald sei der Mann, den er nach den Schüssen auf den Polizeibeamten Tippit vom Tatort weglaufen sah, und Whaley erklärt, daß Oswald der Passagier gewesen sei, den er nach dem Attentat auf Kennedy von der Innenstadt nach Oak Cliff gefahren habe.

15 Uhr 30

Oswalds Bruder Robert besucht ihn fünf Minuten im Gefängnis.

15 Uhr 30

County Records Building – Dallas
Distriktanwalt Henry Wade arbeitet weiter am Fall Oswald.

Parkland Hospital – Dallas
Seit Freitag morgen hatte ich nur drei Stunden geschlafen und fühlte mich entsprechend erschöpft. Also legte ich mich auf die Couch im Aufenthaltsraum und döste vor mich hin. Das Wetter draußen war so heiter wie selten im November. Die ganze Stadt war schockiert über den Tod des Präsidenten. Im Augenblick schien keiner zu trinken, und es gab weder Schlägereien noch Schießereien.

Ich war gerade etwas tiefer eingeschlafen, als das Telefon klingelte. Es war die Notaufnahme, die einen Arzt suchte, um einen Mann mit Blinddarmentzündung zu untersuchen. Das OP-Team operierte, also riefen sie mich, da ich an diesem Tag der Bereitschaftschirurg »B« war. Ich schickte einen Assistenzarzt hinunter, der den Patienten untersuchen sollte. Wenige Minuten später rief er zurück, weil er glaubte, bei dem Patienten sei eine Blinddarmoperation notwendig. Ich rappelte mich auf und schleppte mich zur Notaufnahme.

Der Patient hatte Bauchschmerzen, dennoch entschied

ich mich gegen eine sofortige Operation und ließ ihn mehrere Stunden beobachten, um zu sehen, wie sein Körper reagierte. In vielen Privatkliniken geben sie dem Patienten sofort ein Schmerzmittel, damit er sich besserfühlt – dafür muß er zahlen, und das ist es auch, was er erwartet. Aber in einem Forschungskrankenhaus muß der Patient, wenn nötig, gewisse zumutbare Schmerzen aushalten, damit man eine genauere Diagnose stellen kann. Schmerzmittel decken die Symptome zu, was wertvolle Zeit kostet, zu falschen Medikationen führt und daher für den Patienten gefährlich ist.

18 Uhr 00

City Hall – Dallas

In Captain Fritz' Büro wird Oswald zum viertenmal verhört. Anwesend sind mehrere Beamte der Mordkommission, Secret-Service-Agent Kelly und FBI-Agent Bookhout. Sie zeigen Oswald eine Vergrößerung der Fotografie, die ihn mit den Waffen zeigt. Diesmal weist Oswald die Echtheit der Fotografie zurück und erklärt, daß es zwar »sein Gesicht« sei, nicht aber sein Körper, und daß das Foto eine Montage sei. Er verstehe viel von Fotografie, behauptet er, und mit der Zeit werde er nachweisen können, daß das kein Bild von ihm sei.

19 Uhr 15

Oswald kehrt in seine Zelle zurück.

21 Uhr 30

Michael Paine erklärt vor den Kriminalbeamten John Adamcik und Elmer Moore eidesstattlich, daß er vor dem Attentat des öfteren ein in eine Decke eingewickeltes Gewehr in seiner Garage gesehen habe.

Das Telefon mußte wenigstens fünfmal geklingelt haben, bevor es mich aus dem tiefen Schlaf weckte, in den ich gefallen war. Als ich den Hörer endlich ans Ohr hielt, war der Traum verschwunden, und ich war wieder in Parkland.

»Dr. Crenshaw, es wäre gut, wenn Sie runterkommen und den Patienten mit den Blinddarmschmerzen nochmals untersuchen würden«, tönte die Stimme des Assistenzarztes aus dem schwarzen Hörer an meinem Ohr. »Seine Temperatur beginnt zu steigen.«

»Ich bin gleich da«, äußerte ich lethargisch.

Einmal auf den Beinen, strich ich mir durchs Haar und spritzte mir kaltes Wasser ins Gesicht. Als ich aus dem Aufenthaltsraum in die Halle kam, sah ich viele Leute wie in einem Park herumspazieren. Parkland stand immer noch unter Schock, und alles bewegte sich sehr langsam, genau wie ich. Überall hörte man Gespräche über Kennedy. Die Presseleute streiften, immer noch auf der Suche nach Interviews und Stories, durch die Hallen.

Auf meinem Weg zum Beobachtungsraum in der Notaufnahme, ging ich bei Gouverneur Connally vorbei, um mich zu überzeugen, daß es ihm gutging, und um den Verband an seinem Bein zu kontrollieren. Aus Sicherheitsgründen hatte man alle Patienten aus den Räumen auf Station 2-E weggebracht.

Mein Patient in der Notaufnahme hatte immer noch Schmerzen im rechten unteren Teil des Bauches, seine Temperatur war leicht erhöht, und die Zahl seiner weißen Blutkörperchen war gestiegen. Sein Zustand war jedoch noch nicht gefährlich. Es war immer noch zu früh für eine Operation. Sehr oft erholen sich Patienten mit diesen Symptomen wieder. Schmerzen sind kein ausreichender Grund, um den Bauch zu öffnen. Zuerst mußte ich eine bestätigende Diagnose haben.

Bevor ich wieder in den zweiten Stock zurückkehrte, ging ich durch die Notaufnahme und war erstaunt, wie wenig Patienten behandelt werden mußten. Damit waren meine Aussichten auf einen geruhsamen Nachtschlaf ausgezeichnet. Der Tod des Präsidenten hatte beinahe ganz Dallas lahmgelegt.

Auf meinem Weg zurück in den Aufenthaltsraum machte ich einen kurzen Umweg zum Anästhesieraum, wo ich im Fernsehen Oswald sah. Ein Reporter spekulierte darüber, daß Kennedy dreimal von Oswald vom Texas School Book Depository aus beschossen worden sein müßte und daß eine der Kugeln Kennedys Körper durchschlagen habe, um dann Gouverneur Connally zu treffen. Als ich das hörte, sah ich Dr. Duke an und schüttelte verwundert den Kopf. Wieder dachte ich an die Eintrittswunde an Kennedys Hals. Später, als die Warren-Kommission die Theorie von der *magischen Kugel* verbreitete, erkannte ich sofort, daß keine Kugel die Energie haben konnte, durch so viel Gewebe, Knorpel, Muskeln und Knochen von zwei Männern zu dringen und dabei intakt zu bleiben. Außerdem hatte ich die Kugelsplitter im Handgelenk von Gouverneur Connally gesehen. Wir wissen, daß diese Theorie lächerlich ist. Doch diese Geschichte wurde in Umlauf gebracht und später der offizielle Bericht.

23 Uhr 00

City Hall – Dallas

Captain Will Fritz von der Mordkommission Dallas erhält ein angemeldetes Gespräch vom neuen Präsidenten Lyndon Johnson. Ihm wird befohlen, die *Untersuchungen einzustellen.* Fritz hatte versucht, eine gründliche Untersuchung in bezug auf den Mörder des Präsidenten durchzuführen, trotz Einmischung und Widerstand von seiten der Bundesbehörde. Er hatte mehrere Telefonanrufe erhalten, in denen man ihn bedrängte, mit der Untersuchung aufzuhören, und ihm sagte: »Sie haben Ihren Mann.« Fritz hatte bis zu diesem Zeitpunkt die Überredungsversuche ignoriert und seine Untersuchung fortgesetzt. Erst als er den Befehl des Präsidenten erhielt, stellte er seine Ermittlungen ein. (Jahre später erzählt Fritz engen Freunden, als sie auf das Thema zu sprechen kommen: »Aber wenn der Präsident der Vereinigten Staaten anruft (...), was konnte ich da tun?«)

23 Uhr 44

Innenstadt – Dallas
Jack Ruby verläßt den Carousel Club und geht in den Pago Club, um einen Freund zu besuchen.

Parkland Hospital – Dallas
Ich rief in der Notaufnahme an, um zu erfahren, wie es meinem Patienten ging. Der Assistenzarzt informierte mich, daß der Patient schlafe und seine Temperatur unverändert sei. Ich bat ihn, falls sich der Zustand des Patienten nicht erheblich verschlechtere und er vor morgens um neun Uhr keinen Chirurgen brauche, den Bereitschaftschirurgen »C«, der dann Dienst habe, mit dem Fall zu beauftragen.

DRITTER TAG
SONNTAG, DER 24. NOVEMBER 1963

2 Uhr 15

Büro des Sheriffs – Dallas

Der Angestellte des Sheriffs, Perry McCoy, erhält einen Anruf von einem »Weißen«, der ihm mitteilt, daß Oswald während seines Transportes vom Stadt- in das Landkreisgefängnis ermordet werden solle. Als Grund für seinen Anruf gibt der Unbekannte an, er wolle, daß das Polizeipräsidium informiert sei, damit keiner der Beamten dabei verletzt werde.

2 Uhr 20

City Hall – Dallas

Polizei-Lieutenant Billy Grammer, der gerade im Besprechungszimmer arbeitet, wird ebenfalls von einem Unbekannten angerufen. Der Anrufer wollte nur mit Grammer sprechen, nachdem er sich zuvor bei einem anderen Beamten erkundigt hatte, wer Dienst habe. Der Mann, der seinen Namen nicht nennen will, sagt zu Grammer: »Du kennst mich.«

Dann beschreibt der Mann detailliert die Pläne für Oswalds Transport und droht, falls andere Vorkehrungen getroffen werden sollten, »werden wir Oswald gleich unten im Keller töten«.

Die Stimme des Anrufers kommt Grammer vertraut vor, aber er kann sich kein Gesicht dazu vorstellen. Die Drohung wird ernstgenommen, und ein Bericht an Polizeichef Curry wird angefertigt.

2 Uhr 30

FBI-Büro – Dallas

Ein Angestellter – der Name ist unbekannt – aus dem örtlichen FBI-Büro erhält einen anonymen Telefonanruf. Mit ruhiger Stimme erklärt der Mann, daß er »ein Komitee« repräsentiere, und »... wir werden den Mann, der den Präsidenten ermordet hat, töten«.

3 Uhr 20

City Hall – Dallas

Der Polizeichef von Dallas, W.B. Frazier, wird vom FBI-Agenten Milton Newsom angerufen und darüber informiert, daß das FBI-Büro in Dallas eine anonyme Morddrohung gegen Oswald erhalten habe.

Parkland Hospital – Dallas

Im Parkland Hospital war alles ruhig, und ich konnte endlich den nötigen Schlaf nachholen.

6 Uhr 00

Parkland Hospital – Dallas

Am Sonntagmorgen wachte ich um sechs Uhr auf und fühlte mich ausgeruht, was selten bei mir vorkommt. Für einen Assistenzarzt der Chirurgie kommen sechs Stunden ununterbrochener Schlaf einer Gehaltserhöhung gleich.

Auch die Presseleute waren wieder nach Parkland zurückgekehrt, die Sicherheitsvorkehrungen wurden nach wie vor streng gehandhabt, und natürlich waren die stets anwesenden Männer im Anzug noch da. Ich zog mir einen frischen Kittel an und ging hinunter zur Notaufnahme, um nach meinem Patienten zu sehen. Sein Zustand hatte sich kaum verändert. Ich eilte zur Cafeteria, frühstückte und kehrte dann zum zweiten Stock zurück, um nach meinen anderen Patienten zu sehen. Ich traf Dr. Shires, der gerade auf dem Weg zum Gouverneur war. Man verlegte ihn immer noch von einem Raum in den anderen. Vor allen Fenstern hatte man Sicherheitsgeräte installiert, so daß kein Scharfschütze hineinschießen konnte.

6 Uhr 30

City Jail – Dallas
Captain Fritz trifft in der City Hall ein und bereitet die weitere Befragung Oswalds vor.

7 Uhr 00

Die Polizei von Dallas beginnt mit den Vorbereitungen für Oswalds Abtransport. Das Untergeschoß ist leergeräumt, und auf den Rampen, die in die Garage führen, sind Wachen postiert.

9 Uhr 00

Chicago
Ein Angestellter der Chicagoer Zweigstelle der American Guild of Variety Artists (AGVA) schickt eine Botschaft nach Dallas, die für Jack Ruby bestimmt ist. Darin heißt es: »Sagt Jack, daß er den Brief nicht heute abschicken soll, in Chicago wäre es ungeschickt.« Die AGVA ist ein Verband der Unterhaltungsbranche, der schon lange von Mitgliedern des organisierten Verbrechens beherrscht wird. Die verschlüsselte Sprache ist ein übliches Mittel der Unterwelt,

und die Bedeutung dieses rätselhaften Befehls ist nie entsprechend geklärt oder untersucht worden. Was immer es auch bedeutet hat, Ruby hat diese Nachricht nie erhalten.

9 Uhr 30

City Jail – Dallas

Im Polizeipräsidium von Dallas empfiehlt der Kriminalbeamte James R. Leavelle Polizeichef Curry, zusätzliche Vorkehrungen zu treffen, damit man Oswald statt aus dem Untergeschoß vom ersten Stock aus abtransportieren könne; außerdem würde dieses doppelte Spiel die Presseleute wirksam ablenken. Doch Curry teilt Leavelle mit, daß er dem Fernsehen erlaubt habe, den Abtransport Oswalds zu filmen, um zu beweisen, daß man ihn nicht geschlagen oder gefoltert habe.

Die Kriminalbeamten Leavelle und L.C. Graves werden davon in Kenntnis gesetzt, daß sie Oswalds Überführung durchführen sollen. Daraufhin holen sie Oswald aus seiner Zelle und bringen ihn in Captain Fritz' Büro im dritten Stock, wo er erneut verhört wird. Anwesend sind Captain Fritz, mehrere Kriminalbeamte der Mordkommission, die Secret-Service-Agenten Forest Sorells und Thomas Kelly und der US-Postinspektor Harry Holmes. Polizeichef Curry schaut zu Beginn der Befragung kurz herein.

Minister Ray Rushing betritt die City Hall und nimmt den Fahrstuhl hinauf zum dritten Stock. Im Fahrstuhl trifft er Jack Ruby. Der Minister ist einer von vier Zeugen, die Ruby zwischen 8 Uhr und 11 Uhr vormittags im oder beim Polizeigebäude gesehen haben.

Parkland Hospital – Dallas

Mein Dienst war offiziell beendet, und Assistenzarzt »C« begann seine Schicht. Meine Patientenvisiten hatte ich abgeschlossen, auch bei dem Mann mit den Blinddarm-schmerzen, den jetzt »C« betreute. Ich war in den Aufent-haltsraum der Ärzte gegangen, um Kaffee zu trinken und eine Zigarette zu rauchen. Unserem Rang entsprechend mußten wir oft stehen, und unsere Vorgesetzten saßen in den wenigen Klubsesseln. An diesem Morgen saß ich – seit drei Jahren Assistenzarzt – zusammen mit den Ärzten Shi-res, Perry, Jones und Duke.

Hätte ich die letzte Nacht wenig geschlafen, wäre ich wohl nach Hause gefahren. Aber ich fühlte mich ausgeruht und blieb noch da, um mit meinen Kollegen über das Attentat und das von Gesetzesvertretern und Presseleuten bevölker-te Parkland zu sprechen. Die Stimmung im Krankenhaus war spannungsgeladen und voller Mißtrauen, so daß keiner von uns weggehen wollte. Wir teilten das Gefühl, man habe unser Krankenhaus gewaltsam besetzt und wir müßten es verteidigen. Es war, als spürten wir, daß noch etwas passie-ren würde, und wir Assistenzärzte wollten es auf keinen Fall verpassen. Zu diesem Zeitpunkt hätte uns nichts überrascht.

Heiß diskutiert wurde auch die Autopsie von Kennedys Leiche in Bethesda. Nach Dr. Perrys Gespräch mit J. J. Humes, dem Leiter der Untersuchung, hatten wir Zwei-fel an der Qualifikation des Autopsieteams. Und wir waren, zwar vorsichtig und hinter vorgehaltener Hand, der gleichen Ansicht, was die Schußrichtung der Kugeln anging, die Ken-nedy und Connally getroffen hatten. Wir haben nie erfah-ren, ob die Männer im Anzug vielleicht mithörten.

10 Uhr 35

City Hall – Dallas

Ira Walker, Fernsehtechniker bei WBAP (Fort Worth), sitzt am Mischpult im Sendewagen und wartet auf Oswalds Abtransport. Der Kleinbus steht genau vor der City Hall.

150

Jack Ruby tritt ans Fenster und fragt Walker: »Hat man Oswald schon runtergebracht?«

11 Uhr 00

Dallas

Reverend William A. Holmes, Pastor der Northaven United Methodist Church, hält über Dallas eine kritische Predigt. Mit scharfer Stimme erklärt er: »Vor zwei Tagen wurde Präsident Kennedy in Dallas ermordet, und es gibt eine Sache, die schlimmer ist als das, daß nämlich die Bürger von Dallas der Welt erklären (...): ›Wir sind für den Tod dieses Mannes nicht verantwortlich.‹ (...) Es gibt keine Stadt in den Vereinigten Staaten, die in den letzten Monaten und Jahren ihren Extremisten gegenüber nachgiebiger gewesen wäre als Dallas in Texas.« Als diese Predigt zwei Tage später in den CBS-Abendnachrichten gesendet wird, erhält Holmes telefonische Morddrohungen, und Agenten raten ihm, Dallas lieber für ein paar Tage zu verlassen.

Parkland Hospital – Dallas

Der Krankenhausleiter Bob Struwe informiert die Beamten des Parkland Hospital, daß sich eine große Menschenmenge eingefunden habe, um Oswalds Abtransport zu sehen.

Oswald zieht, kurz bevor er seine Zelle verläßt, einen schwarzen Pullover an, damit man ihn nicht so schnell erkennt, denn schließlich hat ihn jeder in seinen alten Sachen im Fernsehen gesehen. Er dreht sich um zu Leavelle und meint: »Mich wird keiner erschießen.«

11 Uhr 17

City Hall – Dallas

Jack Ruby geht von der City Hall zum Western Union Office und veranlaßt eine Postanweisung über fünfundzwanzig

Dollar an Little Lynn, eine seiner Striptease-Tänzerinnen in Fort Worth. Im Zusammenhang mit seinem Auftauchen und Wiederverschwinden am Gebäude der Dallas Morning *News* zum Zeitpunkt der Erschießung des Präsidenten läßt diese Transaktion darauf schließen, daß er sich wieder ein Alibi verschaffen will. Vielleicht soll damit auch bewiesen werden, daß Ruby nicht vorhatte, Oswald zu töten. Da die offizielle Transportzeit mit 10 Uhr angegeben wurde, hatte Ruby in Wirklichkeit wahrscheinlich Insiderwissen, wann Oswald wirklich überführt werden sollte.

Ruby geht das kurze Stück zurück zur City Hall, tritt durch eine unbewachte Tür in das Gebäude, steigt eine Treppe hinunter zum Kellergeschoß, überquert die Parkfläche und stellt sich zu der Gruppe von Polizeibeamten und Reportern, die auf Oswald warten. Perfekter hätte sein Timing nicht sein können. Wie auf ein Stichwort tritt Oswald, in Handschellen an die Polizeibeamten Leavelle und Graves gekettet, aus dem angrenzenden Gefängnisbüro ins Untergeschoß. Langsam kommt der Wagen, der absichtlich nicht gekennzeichnet ist und Oswald ins Landkreisgefängnis fahren soll, rückwärts angerollt. In diesem Augenblick schallt das Hupen eines anderen Autos durch das Kellergeschoß. Als Oswald an Ruby vorbeikommt, wirft er ihm einen kurzen Blick zu und sieht gleich wieder weg.

Der Polizeibeamte Leavelle, der mit Oswalds rechtem Arm durch Handschellen verbunden ist, bemerkt, daß Ruby eine Pistole seitlich neben sich hält. Er sieht, wie sich Ruby duckt, die Pistole zieht und schnell auf seinen Gefangenen zuläuft, aber es bleibt ihm nicht die Zeit zu reagieren. Ruby hält mit dem sogenannten »Attentätergriff« (ein Begriff aus Chicago für einen von Attentätern bevorzugten Griff, der verhindert, daß einem die Waffe aus der Hand geschlagen werden kann; der mittlere Finger ist am Abzug und der Zeigefinger an der Trommel) eine 38er Colt-Cobra-Pistole in der rechten Hand und feuert einen Schuß geradewegs in

Oswalds linke Bauchseite. Oswald brüllt auf vor Schmerz und bricht zusammen.

Der Polizeibeamte Graves an Oswalds linker Seite bemerkt erst in letzter Sekunde, wie Ruby an ihm vorbeistürzt, um zu schießen, packt Rubys Handgelenk und die Pistole und wirbelt um den Angreifer herum, während andere Beamte herbeieilen, um ihm zu helfen. Gemeinsam überwältigen die Beamten Ruby und reißen ihm die Waffe aus der Hand. Während des Kampfes brüllt Ruby: »Ihr kennt mich alle, ich bin Jack Ruby.«

Der Polizeibeamte Don Archer, der dicht dabei steht, ist Zeuge des Schusses und hilft, Ruby festzunehmen. Zusammen mit anderen Beamten bringt er Ruby in eine Zelle im fünften Stock. Archer, der hinter dem Gefangenen steht, beobachtet Rubys seltsames Verhalten. Ruby sei »sehr nervös« gewesen und habe »außerordentlich stark geschwitzt«. Aus Sicherheitsgründen habe man ihn ausgezogen, und man konnte seinen rasenden Herzschlag förmlich sehen. Ruby bat um eine Zigarette. Später, als bekannt wurde, daß Oswald an den Folgen des Schusses gestorben sei, informierte Archer Ruby darüber und bemerkte: »Sieht ganz nach elektrischem Stuhl für Sie aus.« Statt noch nervöser zu werden, beruhigte sich Ruby; er schwitzte nicht mehr, und sein Herzschlag schien sich zu normalisieren. Als Archer Ruby fragte, ob er noch eine Zigarette wolle, erwiderte er: »Ich rauche nicht.« Archer erklärte, daß sich Rubys Verhalten völlig verändert hatte. Offensichtlich schien sein Leben davon abzuhängen, Oswald zu erledigen.

Parkland Hospital

Der junge Assistenzarzt rief mich aus der Notaufnahme an, um mir mitzuteilen, daß der Patient mit der Blinddarmentzündung nicht länger warten könne, da seine Temperatur in den letzten Stunden beträchtlich gestiegen sei und sich die Zahl der weißen Blutkörperchen stark erhöht habe. Ich sag-

te ihm, daß ich, wenn Jones Ersatz für den Bereitschaftsdienst »C« habe und ihm erlaube, zu operieren, nichts dagegen einzuwenden hätte. Einige Minuten später operierten
sie schon. Wie alle ein- und zweijährigen Assistenzärzte der
Chirurgie waren sie tatendurstig.

11 Uhr 21

City Hall – Dallas

Die Polizeibeamten Leavelle und Billy Combest tragen
Oswald ins Gefängnis zurück. Fred Bieberdorf, ein Medi-
zinstudent und medizinischer Betreuer des Gefängnisses,
der gerade im Kellergeschoß ist, beginnt, als er keinen Herzschlag mehr vernimmt, sofort mit Herzmassage.

Parkland Hospital – Dallas

Der Assistenzarzt der Bereitschaft »C« operierte den Blind-
darmpatienten, und das OP-Team operierte ebenfalls.
Dr. Shires hatte das Hospital bereits verlassen, und ich saß
immer noch im Aufenthaltsraum der Ärzte und plauderte
mit Dr. Perry. Das Telefon klingelte, und ich ging ran. Am
anderen Ende der Leitung war der Krankenhausverwalter
C.J. (Jack) Price. Nachdem ich ihm gesagt hatte, wer ich sei,
fragte er mich, wer operieren könne. Ich erklärte ihm, daß
es schlecht aussehe, da das Team, das gerade Bereitschaftsdienst habe, beim Operieren sei. Nervös teilte er mir mit,
daß er sofort ein Operationsteam in der Notaufnahme brauche. Ich hatte noch nie erlebt, daß der Verwalter im Ärz-
teaufenthaltsraum angerufen hatte, und dann noch mit so
besorgter Stimme. Also willigte ich ein und nahm, was vom
Bereitschaftsdienst »B« noch übriggeblieben war, Dr. Gerry
Gustafson und Dr. Dale Coln, beides Assistenzärzte, mit
hinunter. Dr. Perry und die anderen blieben oben. Zu diesem Zeitpunkt wußte keiner von uns, daß Oswald auf dem
Weg nach Parkland war.

11 Uhr 24

City Hall – Dallas

Der Ambulanzwagen trifft im Gefängnis ein, Oswald wird auf eine Bahre gelegt und in den hinteren Teil des Wagens geschoben. Bieberdorf begleitet Oswald nach Parkland, wobei er ihm ununterbrochen das Herz massiert.

Jack Ruby wird zum Verhör nach unten gebracht. Er verrät, daß er die Absicht gehabt habe, dreimal auf Oswald zu schießen.

Parkland Hospital – Dallas

Wir standen draußen in der Halle vor dem OP-Raum 1, als Jack Price uns erzählt, daß man Lee Harvey Oswald angeschossen habe und er auf dem Weg nach Parkland sei. Ich konnte es nicht glauben, daß wir den angeblichen Attentäter Präsident Kennedys operieren sollten.

Ich bemerkte, wie ein paar Schwestern den OP-Raum 1 für die Operation vorbereiteten, und sagte zu einer von ihnen: »Wir werden diesen Patienten nicht im Not-OP 1 behandeln. Wenn Oswald kommt, bringen Sie ihn in den Not-OP 2.« Zu diesem Zeitpunkt glaubten wir alle noch fest daran, daß Oswald den Präsidenten ermordet hatte.

Price lächelte zustimmend. Er hatte die Bedeutung meiner Entscheidung verstanden. Noch Jahre später lobte Jack Price mich für meine damalige Geistesgegenwart, den anderen Raum zu wählen.

Oswalds bevorstehende Ankunft sprach sich wie ein Lauffeuer im Krankenhaus herum. Dr. Ronald Jones wurde vom Operationstisch weggeholt, eilte zu uns herunter und wartete mit mir und dem Rest des Teams auf das Eintreffen des Ambulanzwagens. Dr. Perry blieb im zweiten Stock, während im Operationsraum die nötigen Vorkehrungen getroffen wurden. Dr. McClelland, der den Mord im Fernsehen verfolgt hatte, verließ eilig sein Haus und fuhr zum

Hospital. Und als Dr. Shires die Nachricht im Radio hörte, kehrte er um und fuhr nach Parkland zurück.

11 Uhr 30

Dallas

Der Polizei-Lieutenant Billy Grammer schläft zu Hause nach seiner Nachtschicht im Polizeipräsidium, als seine Frau ihn weckt und ihm erzählt, ein Mann namens Jack Ruby habe gerade Lee Harvey Oswald im Kellergeschoß des Gefängnisses erschossen. Auf einmal sieht er das Gesicht zu dieser ihm vertrauten Stimme vor sich, die ihn im Dienst anrief, um ihn vor Oswalds bevorstehendem Tod zu warnen.

Und er erinnert sich, daß er Ruby nur eine Woche zuvor zufällig getroffen hatte und mit ihm in ein Restaurant in der Nähe der Wache gegangen war, wo sie sich unterhalten hatten. Er war nun absolut sicher, daß es Rubys Stimme gewesen war, die er am Telefon gehört hatte.

11 Uhr 32

Parkland Hospital – Dallas

Lee Harvey Oswald wird in die Notaufnahme des Parkland Hospital gerollt. Er war leichenblaß, als man ihn in den Not-OP 2 fuhr. Ich stellte fest, daß seine Pupillen erweitert waren. Er war bewußtlos, und kein Puls war zu fühlen, doch sein Herz schlug noch. Die Kugel hatte seinen linken Brustkasten getroffen und steckte unter seiner Haut auf der rechten Seite. Sein Bauch war aufgedunsen, was auf innere Blutungen schließen ließ.

Schnell schnitten wir seine Kleidung und Unterwäsche auf. Dr. Jenkins führte den Endotrachealschlauch ein, während Dr. Coln, Dr. Gustafson und ich drei Venenschnitte machten, in jedem Bein einen und einen am linken Vorderarm. Ich führte den Schnitt am rechten Knöchel durch. Unverzüglich leiteten wir Ringerlösung ein und Blut der Blutgruppe Null negativ. Dr. Duke war zur Blutbank geeilt und kehrte mit einigen Blutkonserven der Nullgruppe negativ zurück; das verstieß zwar gegen die Krankenhausvorschriften, war aber notwendig, wenn Oswald eine Chance haben sollte zu überleben. Ohne ein Wort darüber zu verlieren, kehrte er in die Notaufnahme zurück. Blut der Gruppe Null Rhesus negativ ist eine neutrale Blutgruppe, die jedem gegeben werden kann. Ich denke, das zeigt unsere Bemühungen, das Leben des Mannes zu retten.

Gleichzeitig führte Jones einen Schlauch in den Brustkasten ein, der mit einem Tropf verbunden war, damit Oswalds linke Lunge nicht kollabierte. Eine Blutprobe wurde zur Analyse an die Blutbank geschickt. Wir senkten das Kopfteil der Bahre, damit ausreichend Blut in Herz und Gehirn fließen konnte. Dr. Risk legte einen Katheter an. In der Rekordzeit von nur siebeneinhalb Minuten hatten wir sämtliche Wiederbelebungsmaßnahmen abgeschlossen, und wir konnten mit der Operation beginnen. Alle schienen wir zu spüren, wie wichtig es war, Oswalds Leben zu retten.

Ihn für die Operation vorzubereiten kam einer Feuerprobe gleich. Mindestens ein Dutzend von uns, verwickelt in Schläuche und Apparate, schoben die Bahre, vier Ständer und das Anästhesiegerät die Halle hinunter und quetschten uns damit in einen kleinen Aufzug. Auf unserem Weg zum Operationssaal stoppte der Fahrstuhl plötzlich im ersten Stock. Als sich die Türen öffneten, standen zwei Freunde von Oswald davor, die auf dem Weg zur Notaufnahme waren. Sie wußten nicht, daß es Lee Harvey war, der auf der Trage lag; sie sahen nur viele Menschen und Apparaturen.

Endlich im zweiten Stock angekommen, beeilten wir uns, Oswald in den Operationssaal zu schieben. Dr. McClelland und Dr. Shires waren noch nicht da, kamen aber wenige

Minuten, nachdem die Operation begonnen hatte. Wir trafen Vorbereitungen, Oswalds Bauch zu öffnen. Dr. Duke brachte eine Blutkonserve mit dem richtigen Bluttyp (A 1 Rhesus negativ), und wir ließen das Blut mit Druck in die drei Einschnitte fließen.

Nie werde ich vergessen, wie Duke unaufhörlich mit den Blutkonserven um den Operationstisch lief. Unterdessen wechselte er die leeren gegen volle Konserven aus, während wir die Plastikschläuche drückten, um das Flüssigkeitsvolumen in Oswalds Kreislauf zu erhöhen. Bevor wir den Bauch öffnen konnten, mußte ausreichend Blut durch die Veneneinschnitte geflossen sein, da der Blutverlust durch die Operation so groß sein würde, daß Oswald innerhalb von Sekunden verblutet wäre.

Um 11 Uhr 44, zwölf Minuten nachdem Oswald in Parkland eingetroffen war, machte Dr. Perry einen Bauchschnitt vom Brust- bis zum Schambein. Als das Bauchfell durchtrennt wurde, strömten drei Liter Flüssigkeit und geronnenes Blut, dreiviertel der Gesamtmenge (fast vier Liter), wie Wasser aus einem geplatzten Ballon aus Oswalds Bauch. Es floß überallhin, über die Laken, den Boden, über uns. Als der Druck im Bauch nachließ, schoß das restliche Blut in Oswalds Körper aus zahlreichen Öffnungen in seinen Bauch.

Mit einer Hand hielt ich den Wundhaken, in der anderen die Blutabsaugpumpe für die Bauchhöhle. Dr. Shires teilte uns seine Einschätzung der inneren Verletzungen mit. Im Bruchteil einer Sekunde hatte ein Stück Blei, kleiner als ein Fingerhut, in Oswalds Bauch so viel Schaden angerichtet wie ein paar Axtschläge. Die Kugel hatte die Aorta und die Vena Cava (das ist die große Vene, die vom Bauch zum Herzen führt) zerfetzt, die Milz zerstört, war durch Magen, Bauchspeicheldrüse, Niere und Leber geschlagen, um schließlich in der rechten Seite der Körperwand steckenzubleiben.

Aus jeder dieser Wunden, besonders der Milz, der Aorta und der Vena Cava, floß und spritzte Blut in den Bauch. Mit Klammern und Fingerdruck versuchten Dr. Shires, McClelland, Perry und Jones die Blutungen an Arterien, Venen und Organen zu stoppen, bevor sie mit der Behandlung beginnen konnten. Die Szene erinnerte an die Rettung eines sinkenden Bootes, wobei ein Teil der Mannschaft unablässig Wasser ausschöpft, während der andere Teil versucht, die Löcher zuzustopfen.

Nachdem die Hauptblutung unter Kontrolle gebracht worden war, blickte ich hoch und holte tief Luft. Da entdeckte ich einen riesigen Mann am anderen Ende des Saales, den ich nicht kannte. Er ähnelte Oliver Hardy, trug einen OP-Kittel und keinen Mundschutz. Am beunruhigendsten war, daß eine Pistole aus seiner Seitentasche hing; wenn sie zu Boden gefallen wäre, hätte sich ein Schuß lösen und jemanden töten können. Ich habe nie erfahren, wie er in den Operationssaal gekommen war und wer ihm den Kittel gegeben hatte. Ich wußte nicht, was ich davon halten sollte, außer daß wir diesem Hurensohn sofort einen Mundschutz und eine Kopfbedeckung geben mußten, damit er nicht den gesamten Saal mit Bakterien verseuchte.

Ich gab einem der anderen Assistenzärzte ein Zeichen, mich abzulösen, reinigte mich gründlich und suchte die entsprechenden Sachen für den Burschen. Am liebsten hätte ich diesen Kerl aus dem Operationssaal geschmissen, aber die Angst vor seiner Waffe überwog. Ohne etwas zu sagen, gab ich ihm die Kopfbedeckung und den Mundschutz. Er nahm sie kommentarlos entgegen. Als ich mich umdrehte, tippte mir eine Krankenschwester auf die Schulter und fragte mich, ob ich einen Telefonanruf im Büro entgegennehmen könnte. Ich willigte ein und verließ den Operationssaal. Als ich das Büro betrat, lag der Hörer auf dem Schreibtisch.

»Hier spricht Dr. Crenshaw, was kann ich für Sie tun?«

»Hier ist der Präsident Lyndon B. Johnson«, donnerte eine Stimme. »Dr. Crenshaw, wie geht es dem Attentäter?«

Ich konnte kaum glauben, was ich da hörte, und ich fragte mich, woher er wußte, wann er anrufen mußte.

»Mr. Präsident, im Moment behauptet er sich noch.«

»Könnten Sie dem operierenden Chirurgen etwas ausrichten?« fragte er in einer Art, die mehr nach einem Befehl klang.

»Dr. Shires ist im Augenblick sehr beschäftigt, aber ich werde ihm Ihr Anliegen mitteilen.«

»Dr. Crenshaw, ich möchte ein Sterbebettgeständnis von dem angeklagten Attentäter. Im Operationssaal ist ein Mann, der die Erklärung entgegennimmt. Ich erwarte volle Kooperation in dieser Angelegenheit«, erklärte er bestimmt.

»Ja, Sir«, erwiderte ich und legte auf. Beinahe hätte ich in das Ohr des Präsidenten gelacht. Wenn er hätte sehen können, was dort oben im Operationssaal los war und wie der Zustand unseres Patienten war, hätte er nicht gefragt.

Während ich noch ungläubig dastand, rasten mir die Gedanken wild durch den Kopf. Erstens, ein »Sterbebettgeständnis« bedeutete, daß jemand sterben würde. Wenn Oswald nicht auf dem Operationstisch starb, würde »Oliver Hardy« oder jemand anderer ihn dann töten?

Zweitens, jeder, der etwas über die texanische Politik weiß, kennt die Umstände der US-Senatswahl von 1948, als Johnson Coke Stevenson besiegte. Sie war ein einziger Betrug, wie in South Texas dokumentiert ist. Wenn ein toter Mann in Duvall County wählen konnte – und es gibt Unterlagen darüber, daß sich eben das bei der Präsidentschaftswahl 1960 ereignet haben soll –, warum sollte dann in Dallas nicht ein Toter gestehen, er sei ein Mörder?

Und warum schließlich rief der Präsident der Vereinigten Staaten persönlich im Operationssaal des Parkland Hospital an, um um ein Geständnis zu bitten? Diese Frage verwirrt mich immer noch. Warum hatte nicht jemand von der Polizei in Dallas oder dem FBI danach verlangt? Weitere Fragen gingen mir durch den Kopf, auf die es nur erschreckende, unfaßliche Antworten gab.

Ich eilte zurück in den Operationssaal und stellte mich neben Dr. Shires. Überall war Blut, und fünf Paar Hände arbeiteten in Oswalds Bauch.

»Sie werden es nicht glauben, mit wem ich gerade gesprochen habe«, teilte ich Dr. Shires mit.

»Und weiter«, schien sein Blick zu sagen.

»Präsident Johnson wünscht, daß wir diesem Mann dort erlauben, unserem Patienten ein Geständnis abzunehmen.«

Shires starrte »Oliver Hardy« an, schüttelte ungläubig den Kopf und widmete sich wieder der Operation. Am liebsten hätte ich ein Foto von ihm gemacht, wie er so blutverschmiert dastand und konzentriert operierte.

Im günstigsten Fall hätte es noch Tage gedauert, bis Oswald in der Lage gewesen wäre, deutlich mit jemandem zu sprechen. Welche Ironie! Auf dem Tisch lag ein Patient unter Narkose und war kurz vor dem Verbluten durch eine Kugel, die fast jedes Organ seines Körpers zerstört hatte, und der Präsident der Vereinigten Staaten wünschte, daß ein Eindringling mit einer Pistole ein Interview durchführte. Die Tatsache, daß ein Fremder während eines chirurgischen Eingriffs im Operationssaal anwesend war, was normalerweise niemals toleriert worden wäre, verdeutlicht am besten, welche außergewöhnlichen Dinge zu diesem Zeitpunkt im Hospital vor sich gingen.

Nur wenige Augenblicke später, um 12 Uhr 37, wurde Oswalds Herzschlag schwächer. Wir hatten beinahe eine Stunde operiert. Dr. Atkin, der Assistenzarzt für Anästhesie, informierte das Operationsteam, daß die Herztätigkeit nachließ und daß sich der Pulsschlag verlangsamte. Dr. Shires legte seine Hand auf Oswalds Zwerchfell, um die Herztätigkeit zu prüfen. Schweigend sahen wir einander an, als

Dr. Shires den Kopf schüttelte und Dr. Perry mitteilte, daß Oswalds Herz aufgehört habe zu schlagen.

Ich ging hinüber zu unserem Besucher mit der Pistole und bemerkte: »Heute wird es kein Sterbebettgeständnis mehr geben.« Wie Clint Hill verschwand »Oliver Hardy«, und ich habe ihn nie wieder gesehen. Dr. Perry griff nach einem Skalpell und öffnete Oswalds Brust durch einen Schnitt zwischen den Rippen, so daß das Herz jetzt freilag. Er bekam zwei Injektionen direkt ins Herz sowie zusätzliche Medikamente in die vier Tropfflaschen, um dem Säureausstoß nach hämorrhagem Schock entgegenzuwirken. Nur wenige Augenblicke später begannen seine Herzkammern zu flattern, das Herz zuckte.

Während wir auf die nötige Voltspannung der Maschine (Defibrillationsmaschine, A.d.Ü.) warteten, die das Herzflattern abklingen läßt, begann Dr. Perry mit Herzmassage. Dr. McClelland drückte die Instrumente in Oswalds zitterndes Organ und gab ihm einen elektrischen Stromstoß. Er wiederholte diesen Vorgang nochmals mit erhöhter Voltspannung. Der Muskel zuckte, doch mehr tat sich nicht. Obwohl Dr. McClelland die Spannung steigerte, gelang es ihm nicht, den Herzschlag zu reaktivieren. Wieder versuchte es Dr. Perry mit Herzmassage, doch wegen Sauerstoffmangels wurde Oswald langsam blau im Gesicht. Dr. Shires untersuchte seine Augen, die Linsen waren trüb. Um 13 Uhr 07 war Lee Harvey Oswald tot.

Eine Zeitlang standen wir schweigend da und betrachteten den toten Mann, der die Geheimnisse und Beweise um das Attentat auf Kennedy mit ins Grab nahm. Auch er war ein Patient, den wir nicht hatten verlieren wollen. Wir glaubten wahrhaftig, daß wir eine Chance gehabt hätten, Oswald zu retten. Hätte der Ambulanzwagen, der ihn nach Parkland gebracht hatte, die nötige Ausrüstung und ausgebildete Fachkräfte gehabt, die sofort durch den Endotrachealschlauch Sauerstoff und Ringerlösung verabreicht hätten,

162

hätten die Wiederbelebungsmaßnahmen gleich an Ort und Stelle durchgeführt werden können.

Oswald starb nicht an den inneren Verletzungen, sondern aufgrund des gestörten chemischen Gleichgewichts nach hämorrhagem Schock. Zwischen dem Zeitpunkt, als er angeschossen wurde, um 11 Uhr 21, und der Blutinfusion, um 11 Uhr 40, zirkulierte nur sehr wenig Blut durch Oswalds Körper, und der notwendige Sauerstoff fehlte. So bildeten sich in den Zellen Giftstoffe, die mit dem Blut in die Blutbahn gelangten. Das kontaminierte Blut führte dazu, daß der Herzschlag unregelmäßig wurde und schließlich zum Herzflattern. Die Medikamente, die direkt in Oswalds Herz injiziert wurden, sollten den Muskel stabilisieren, doch es war nichts mehr zu machen.

Das Herz hörte auf zu schlagen, und es gelang uns nicht mehr, es wieder zu aktivieren.

Wäre die Ringerlösung noch in der City Hall in Oswalds Körper gepumpt worden, wäre die Zirkulation nicht zwanzig Minuten unterbrochen gewesen, und es hätten sich keine Giftstoffe in den Zellen bilden können; dann hätte auch sein Herz aller Wahrscheinlichkeit nach nicht aufgehört zu schlagen. Wären die Ambulanzwagen 1963 schon so ausgestattet gewesen, wie sie es heute sind, könnte Lee Harvey Oswald noch leben.

Während die Kugel aus Oswalds rechter Seite entfernt und den Beamten, die vor dem Operationssaal warteten, gegeben wurde, bereiteten wir uns darauf vor, hinunter in den Konferenzraum zu gehen, wo die Journalisten schon begierig auf eine Erklärung über Oswalds Zustand warteten. Ich gab Dr. Shires einen sauberen weißen Kittel, denn er war blutüberströmt.

Wir scheuten uns, hinunterzugehen und über den Tod des angeklagten Attentäters Bericht zu erstatten. Doch unsere ernsten Blicke sagten alles, und die Reporter wußten, daß Oswald tot war, noch bevor ein Wort gesprochen wurde.

Dr. Shires ging zum Mikrofon. Wir anderen standen direkt hinter ihm. Er gab bekannt, daß der angeklagte Attentäter Lee Harvey Oswald um 13 Uhr 07 während der Operation verschieden sei und daß alles Menschenmögliche getan worden sei, ihn zu retten. Dann fragte Dr. Shires, ob es irgendwelche Fragen gebe. Die erste Frage eines Pressemannes in der ersten Reihe stellte alles in den Schatten. Er fragte: »Doc, ist er tot?« Weitere, etwas sinnvollere Fragen wurden gestellt, ob Oswald noch irgend etwas gesagt habe, bevor er starb, und warum man ihn nicht retten konnte.

Immer noch erstaunt es mich, daß wir in diesen drei Tagen Hunderte von Menschen behandelten, die in die Notaufnahme gerollt wurden und so zerfleischt und übel zugerichtet waren, daß der Tod fast unausweichlich schien, aber die meisten von ihnen schafften es zu überleben. Nur das Leben des Präsidenten und seines Attentäters konnten wir nicht retten.

Parkland hatte herausragende Chirurgen, eine Ausrüstung, die auf dem neuesten Stand der Technik war, und war schon früh ein Mekka der Unfallmedizinforschung. Ich habe keinerlei Zweifel daran, daß Präsident Kennedy oder Lee Harvey Oswald in jedem Krankenhaus der Welt gestorben wären.

Als Dr. Shires die Konferenz für beendet erklärte, schlich ich mich durch eine Hintertür davon und eilte auf den Parkplatz. Auf dem ganzen Weg zu meinem Auto waren mir die Reporter auf den Fersen, baten um ein Interview und stellten brüllend Fragen, doch ich ignorierte sie, sprang in meinen Wagen und fuhr nach Hause. Als ich dort eintraf, war alles voller Leute – das reinste Tollhaus. Alle meine Nachbarn, Freunde und meine Schwiegereltern warteten schon auf mich, um mich nach jedem Detail der drei Tage auszufragen. Und wieder wählte ich sorgfältig meine Worte, sagte fast nichts, weil ich nicht wußte, ob nicht einer der Männer im Anzug vor dem Fenster lauschte.

15 Uhr 00

Washington, D.C.

Walter Jenkins, rechte Hand und Assistent von Präsident Johnson, unterhält sich am Telefon mit dem FBI-Direktor J. Edgar Hoover.

Hoover teilt Jenkins mit: »Im Fall Oswald gibt es nichts zu melden, außer daß er tot ist. (...) Die Ermordung Oswalds heute ist nach unseren Warnungen an das Polizeipräsidium von Dallas unverantwortlich. Ich fürchte, daß eine Menge Leute Ärger machen werden, weil er in Handschellen und ohne Waffe war. Da gibt's bestimmt 'ne Menge Elemente in unserer Gesellschaft, die sich die Seele aus dem Leib brüllen, daß man seine Bürgerrechte verletzt habe – *was ja auch stimmt.*« (Hervorhebung vom Autor)

FBI-Hauptquartier – Dallas

Der Leiter der FBI-Spezialagenten, J. Gordon Shanklin, ruft den Agenten Hosty in sein Büro. Shanklin hält die Notiz von Oswald in der Hand, die dieser ein paar Wochen vor dem Attentat abgegeben hatte. Er reicht sie Hosty mit der Bemerkung: »Schaffen Sie sich das vom Hals.« Hosty gehorcht seinem Vorgesetzten, geht zur Toilette und spült sie hinunter.

Bis zwölf Jahre nach dem Mord am Präsidenten wurde die Existenz dieser Notiz geheimgehalten. Ihr Inhalt wurde nie bekannt.

(Nur zwei Schlüsse kann man ziehen. Erstens, er hätte *nicht* ausgereicht, Oswald für schuldig zu erklären, und zweitens: sein Bekanntwerden hätte das FBI in große Schwierigkeiten gebracht.)

Und ausgerechnet dem FBI hatte der neue Präsident Lyndon B. Johnson die »volle Verantwortung« für die Ermittlungen in dem Mord an John Kennedy und Lee Oswald übertragen.

Abend

Zu Hause – Dallas

Eigentlich hätte ich gern in den Nachrichten verfolgt, was über Oswald, Parkland und Dallas berichtet wurde, aber es waren zu viele Leute da, um fernzusehen. Um 22 Uhr 30 hatten endlich alle das Haus verlassen, und auch das Telefon hörte auf zu klingeln. Ich saß allein im Wohnzimmer, hatte die Schuhe ausgezogen und hielt ein kaltes Bier in der Hand.

Nach den Spätnachrichten sollte noch eine Zusammenfassung von den Ereignissen der letzten drei Tage ausgestrahlt werden. Ich schaltete das entsprechende Fernsehprogramm ein, legte die Füße hoch und zündete mir eine Zigarette an.

Sie begannen die Sendung mit einem Filmbericht. Man sah Präsident Kennedy und Jacqueline in Fort Worth vor dem *Texas Hotel* und wie sie weiter nach Love Field gebracht wurden. Die Szene wechselte und zeigte die Autokolonne, die durch die Innenstadt von Dallas fuhr. Ich wurde unruhig. Jetzt erreichte die Limousine des Präsidenten das Texas School Book Depository. Mein Körper versteifte sich.

Wenige Minuten später zeigten sie Oswalds Verhaftung. Er sagte zu einem Reporter, er habe den Präsidenten nicht erschossen. Dann sah man die beiden Männer, die Oswald im Untergeschoß der Dallas City Hall Geleitschutz gaben, und der Berichterstatter erklärte, daß man den angeklagten Attentäter ins Landkreisgefängnis bringen wolle. Plötzlich stürzte ein Mann mit Hut aus der Menschenmenge und schoß auf Oswald.

Ich konnte kaum fassen, was ich da sah. Ich erinnere mich an Oswalds verzerrtes Gesicht. Kein Wunder, daß er vor Schmerz brüllte; ich hatte schließlich gesehen, was die Kugel in seinem Bauch angerichtet hatte.

Ich schaltete den Fernseher aus und ging zu Bett. Aber selbst mit geschlossenen Augen verfolgten mich die Bilder und Ereignisse der letzten drei Tage in lebhaften Details vor einem schwarzen Hintergrund – Schattenbilder des Wahnsinns.

EPILOG

An einem Sommerabend 1989 nahm ich an einer medizinischen Tagung in der Innenstadt von Dallas teil und fuhr anschließend nach Forth Worth zurück. Ich steuerte Richtung Westen auf die Elm Street zu, die in den Stemmons Expressway mündet und nördlich zum Parkland Hospital führt. Da es fast Mitternacht war, war nur wenig Verkehr. Als ich mich dem Gebäude des Texas School Book Depository Ecke Houston und Elm Street näherte, hatte ich das gleiche unangenehme Gefühl wie immer, wenn ich hier vorbeikam. Doch diesmal beschloß ich, zu parken und auszusteigen. Obwohl ich schon hundertmal vorbeigefahren war, hatte ich nie hier angehalten. Wahrscheinlich hatte ich es wegen der Erinnerungen, die mich seit vielen Jahren nicht losließen, nie getan.

Trotz der späten Stunde waren mehrere Leute an diesem schicksalsträchtigen Ort. Ob Tag oder Nacht, irgend jemand ist immer hier und schaut hinauf zum sechsten Stock, von dem aus die Schüsse angeblich gefallen sind, um dann den Grashügel anzustarren, von dem aus weitere Schüsse fielen.

Ich parkte meinen Wagen und ging zur Elm Street hinunter. Ich kam mir vor wie auf einer Wallfahrt, bis ich exakt die Stelle erreichte, wo man den Präsidenten erschossen hatte. Ein Kälteschauer lief mir über den Rücken.

Noch einmal sah ich alles bildhaft vor mir. Ich schaute zum sechsten Stock hinauf und entdeckte den Mann mit dem Gewehr. Als ich mich dem Grashügel zuwandte, hörte ich Schüsse und sah, wie sich der Präsident an die Kehle faßte und leicht nach vorn sank. Weitere Schüsse fielen, und Connallys Gesicht verzerrte sich vor Schmerz, er brach zusammen und sank in den Schoß seiner Frau, kurz bevor der Kopf des Präsidenten zerbarst und durch die Wucht des Geschosses zurückprallte. Innerhalb einer Sekunde brach das Chaos aus, Menschen schrien, überall war Blut und verspritztes Gehirn.

»Guten Abend«, flüsterte ein junger Mann, der neben mir stand, als sei es respektlos, hier in normaler Lautstärke zu sprechen. Vor meinem geistigen Auge verschwand Kennedys Limousine in der Unterführung, dann antwortete ich: »Hallo, kommen Sie oft hierher?«

»Nein, es ist das erste Mal. Ich bin aus Wisconsin.« Er zögerte einen Moment und starrte hinauf zum sechsten Stock des Texas School Book Depository. »Ich muß früh am Morgen weiter, und ich wollte ein paar Minuten hier sein.«

»Was glauben Sie, ist passiert?« fragte ich.

»Lee Harvey Oswald hat von dort oben Präsident Kennedy erschossen«, erwiderte er im Brustton der Überzeugung und deutete auf das berühmte Fenster.

»Und was ist damit?« fragte ich und zeigte auf den Grashügel. Gleichgültig zuckte er mit den Schultern.

»Und wo waren Sie am 22. November 1963?« fuhr ich fort.

»Vermutlich im Kinderbett«, antwortete er leise lachend. »Wo waren Sie?«

»Ich?« Einige Sekunden zögerte ich. »Ich habe in einem Krankenhaus gearbeitet und gesehen, wie ein Mann starb. Ich bin Arzt.«

»Wer, glauben Sie, hat ihn wirklich getötet?« wollte er wissen.

»Ich weiß es nicht.«

Der junge Mann lächelte und verabschiedete sich, dann drehte er sich um und ging weg. Seine Frage hallte durch meine Gedanken. Wer hat John F. Kennedy getötet?

Beunruhigender jedoch als die Bilder von Präsident Kennedy sind die Fragen zu Präsident Johnson. Warum bestand er darauf, daß Kennedys Leiche an Bord der *Air Force One* gebracht wurde, bevor man ihn nach Washington schaffte? Warum rief er persönlich Captain Will Fritz von der Mordkommission Dallas an, um ihm mitzuteilen, daß er den richtigen Mann habe und keine weiteren Ermittlungen nötig seien? Warum rief er mich persönlich in Parkland an wegen eines Geständnisses von Oswald? Warum beschäftigt sich ein Präsident, der die Regierung der Vereinigten Staaten übernehmen soll, mit Angelegenheiten, die von den Gesetzesorganen routinemäßig erledigt werden? Warum riß er die Amtsgewalt der Behörden von Texas an sich und übertrug die Verantwortung für die Untersuchungen einem persönlichen Intimus, dem FBI-Leiter J. Edgar Hoover? Ohne Zweifel erforderte die Planung des Mordes und seiner Vertuschung eine souveräne Person, die den Einfluß, die Macht und das Wissen hatte, diese Aufgabe zu erfüllen. Und zweitens, was noch schwieriger war, mußte diese Person verheimlichen, daß die Informationen manipuliert waren. Nur ein Mann hatte am 22. November 1963 diese Macht, und er wurde der Präsident der Vereinigten Staaten. Gewichtiger noch als diese Vertuschungsaktionen war die Bildung der Warren-Kommission und das Wegschließen entscheidender Informationen für fünfundsiebzig Jahre – beides hatte Lyndon B. Johnson veranlaßt.

Und was vor allem bedeutete Johnsons merkwürdige und vielleicht prophetische Äußerung sieben Monate vor der Reise nach Texas, als er sagte: »... der Präsident der Vereinigten Staaten hat die Funktion eines Piloten, und die Wahl bedeutet, daß die Nation für die nächsten vier Jahre in ein Flugzeug mit diesem Piloten steigt. Gerät das Flugzeug nun in schlechtes Wetter, so sollte die Nation als Mannschaft nicht auf die Idee kommen, aufzustehen, die Tür zu öffnen und zu versuchen, ihm eins draufzugeben. Er ist ihr einziger Pilot, und wenn das Flugzeug abstürzt, so stürzt sie mit ihm ab. *Wartet wenigstens bis nächsten November, bevor ihr ihn niederschießt.*« (Hervorhebung vom Autor) Der November 1963 war kein Präsidentenwahljahr, und Johnson, ein äußerst cleverer Politiker, wußte das.

Das Parkland Hospital war in die unhaltbare Situation gedrängt worden, zwei wichtigen Männern, denen man den unfähigsten und schlechtesten Geleitschutz gewährt hatte, das Leben zu retten. Die dem Präsidenten zugewiesenen Secret-Service-Agenten hatten sich in der Nacht, bevor er erschossen wurde, betrunken. Was Oswald betrifft, so erlaubte die Polizei von Dallas einem Gangster, nur wenige Meter entfernt von dem Mann zu stehen, der angeklagt war, den Präsidenten der Vereinigten Staaten getötet zu haben.

Wir taten alles, was wir tun konnten, aber Tote kann man nicht mehr lebendig machen, und Präsident Kennedy war klinisch tot, als man ihn ins Parkland Hospital brachte.

Frustrierender als das Attentat selbst war das Verhalten der Regierungsbehörden und der Menschen, die Parkland für beide Tode verantwortlich machten. Dies und die falschen Aussagen im Warren-Bericht sind die Gründe für mich gewesen, nachzuforschen und dieses Buch zu schreiben.

Es ist tragisch, daß die wahren Hintergründe nie ans Licht kamen. Der Gedanke, daß der Präsident einer Verschwörung zum Opfer fiel, und die Macht der Warren-Kommission, dies zu vertuschen, führten mich zu der eindeutigen Schlußfolgerung: Personen innerhalb unserer Regierung haben den Präsidenten der Vereinigten Staaten ermordet. Es war ein Staatsstreich – nicht anders als ein Putsch in irgendeinem Land der Dritten Welt, wie wir es so oft in Filmen gesehen haben –, der an »Es war einmal in Amerika« erinnert.

Was die Ärzte und das medizinische Personal des Parkland Hospital betrifft, so war die *Verschwörung des Schweigens* eine Mischung aus ärztlicher Schweigepflicht, Naivität, Angst und Karrieredenken. Dr. Charles Baxters drohende Ansprache an uns Ärzte verdeutlicht das am besten: »Ich möchte hiermit öffentlich sagen, daß jeder, der auch nur ein Zehncentstück an diesem Attentat verdienen möchte, als

Mediziner nie mehr etwas erreichen wird. Somit ist Ihnen wohl hoffentlich klar, wie ernst es uns damit ist, daß dies der ärztlichen Schweigepflicht unterliegt.«

Daß es sich um eine wahre *Verschwörung des Schweigens* handelte, zeigen deutlich die Verhaltensweisen anderer Gruppen und Individuen, die mit dem Tod des Präsidenten in irgendeiner Weise verbunden waren. Dazu gehören die Familie des Präsidenten und deren Berater, der neue Präsident und seine Berater, Angestellte der Regierung, Militärbeamte, das FBI, der Secret Service, die CIA, die Vollzugsbeamten von Texas, örtliche und nationale Nachrichtenmedien, die Zeugen von der Dealey Plaza, Jack Rubys und Lee Harvey Oswalds Freunde und Bekannte sowie das Pathologieteam von Bethesda und dessen Zeugen und viele andere.

Stellt man sich diese Ansammlung von Leuten, Organisationen und Vorfällen als einen Haufen Spaghetti vor, so repräsentiert jede Nudel jemanden oder etwas, der oder das mit dem Tod von John F. Kennedy zusammenhängt, und sie sind ineinander so verstrickt, daß es unmöglich ist, ein Element oder eine Person verantwortlich zu machen. Da ist kein Anfang und kein Ende – kein klarer Weg, der zu einer endgültigen Lösung führt – nur weitere Anhaltspunkte, die in eine Sackgasse führen.

Vielen Personen in diesen Gruppen ist bewußt, daß sie Lügen erzählen, die als Tatsachen akzeptiert werden; sie wissen, daß ihr Schweigen verordnet ist; ihnen ist klar, daß die Beweise gemacht, gefälscht oder vernichtet wurden; und sie sind darüber im Bilde, daß die Zeugen eingeschüchtert, ignoriert und unzureichend verhört worden sind.

Kürzlich enthüllte der frühere CIA-Direktor Richard Helms in der »Phil Donahue Show« einen Teil der Wahrheit, als er die Frage, warum die Menschen nicht frei ihre Meinung gesagt hätten, folgendermaßen beantwortete: »Zu der Zeit sagte keiner, was er wirklich dachte, und zwar aus folgenden Gründen: Erstens kannten sie die Tatsachenhintergründe nicht genau. Und zweitens gab es neben all diesen damaligen Vertuschungsaktionen – der Secret Service zum Beispiel wußte, daß John Kennedy hinter den Weibern her war – eine VERSCHWÖRUNG DES SCHWEIGENS. Warum? Weil sie für John F. Kennedy arbeiteten! Es ist schwierig, Leute zum richtigen Zeitpunkt zum Sprechen zu bringen, besonders wenn ihnen mit Sanktionen gedroht wird – und die junge Dame, die fünfundzwanzig ist und sich manchmal wünscht, es einer mächtigen Person mal zu zeigen, indem sie erzählt, was sie über sie weiß, tut das auf eigene Gefahr. Oh, ich möchte nicht behaupten, daß ihr etwas geschehen wird, *aber sobald die Presse oder irgend jemand etwas von ihr erfährt, wird sie sich wünschen, sie hätte es nicht getan.*« (Hervorhebung vom Autor)

Das Schweigen der Menschen hatte nicht nur einen großen Justizirrtum zur Folge, sondern führte zu einem Vertrauensverlust der amerikanischen Bevölkerung gegenüber ihrer Regierung und der Behörden. So müssen wir uns, achtundzwanzig Jahre nach der Tat, damit abfinden, daß der Mord an einer der größten Persönlichkeiten der Welt immer noch ungelöst ist. Das brutale Attentat veränderte unsere Innen- und Außenpolitik und formte die Geschichte neu. Die Personen, die in diese *Verschwörung des Schweigens* verwickelt waren, sind weder Helden noch großartige Amerikaner. Bestenfalls könnte man sie als Feiglinge, schlimmstenfalls als Mitverschwörer oder Nutznießer des Mordes bezeichnen. Mit dieser Verschwörung muß Schluß sein.

ÜBER DIE AUTOREN

Charles A. Crenshaw, M.D., in Texas zu Hause, ist Direktor und Präsident des Department of Surgery des Tarrant County Hospital Districts. Er erhielt seinen BS (Baccalaureus der Naturwissenschaften) von der Southern Methodist University und seinen MS (Magister der Naturwissenschaften) von der East Texas State University. Für seinen Dr. phil. studierte er 1957 am Baylor University Graduate Research Institute und erhielt 1960 seinen MD (Doktor der Medizin) von der University of Texas Southwestern Medical School in Dallas. Er begann als Assistenzarzt im Veteran's Administration Hospital und beendete seine Assistenzarztzeit im Dallas Parkland Memorial Hospital, wo er fünf Jahre arbeitete. Er lehrte an vielen Institutionen. Er doziert als Professor der klinischen Medizin an der UT Southwestern Medical School noch heute und gehört zum Lehrkörper des John Peter Smith Hospital und des St. Joseph Hospital, beide in Fort Worth, und des Parkland Memorial Hospital. Als ehemaliger Direktor der Tarrant County Cancer Society arbeitet er noch aktiv für diese Organisation. Er ist Mitarbeiter des Advisory Committee für gesundheitliche und medizinische Aspekte der Zivilverteidigung bei der Texas Medical Society. Er bekam zahlreiche Ehrungen und hat eine Vielzahl von Publikationen vorzuweisen.

Jens Karl Hansen ist Autor und Vizepräsident der Texas Tech Research Foundation. Er schrieb den Roman *Pillar of Salt* (Salzsäule). Sein Studium absolvierte er an der Texas Tech University in Lubbock, wo er seinen BA (Baccalaureus der Philosophie) für Geschichte und politische Wissenschaften erhielt, und an der University of North Texas, wo er Examen machte.

J. Gary Shaw ist Direktor des JFK Assassination Information Center (Informationszentrum über das Attentat an JFK) und freiberuflicher Architekt. Man kann ihn als den größten Experten in bezug auf das Attentat an Kennedy bezeichnen. Er ist Autor eines Buches mit dem Titel *Cover Up,* das sich schon früher mit diesem Thema beschäftigt hat.

Das Portrait

Renommierte Journalisten
über Personen
unserer Zeitgeschichte

EVELYN ROLL
OSKAR LAFONTAINE

19/500

ORTWIN RAMADAN
VÁCLAV HAVEL

19/501

B KERNECK·SAMSON
BORIS JELZIN

19/504

ULRICH ENCKE
SADDAM HUSSEIN

19/505

H. J. JAKOBS/U. MÜLLER
RUDOLF AUGSTEIN

19/507

ANDREAS STEINMANN
EDZARD REUTER

19/508

LUDGER FERTMANN
BJÖRN ENGHOLM

19/509

Wilhelm Heyne Verlag München

HEYNE SACHBUCH

**Große Autoren
und ihre
Sachbuch-Klassiker**

FREDERIC
VESTER
Leitmotiv
vernetztes
Denken
Für einen
besseren
Umgang mit
der Welt
Erstmals im
Taschenbuch

19/109

Horst-Eberhard
Richter
Die hohe Kunst der
Korruption
Erkenntnisse
eines
Politik-Beraters

19/158

Erwin Wickert
DER FREMDE
OSTEN
China und Japan gestern
und heute
Erstmals im Taschenbuch –
erweitert und aktualisiert

19/102

Lois Fisher-Ruge
Meine
armenischen
Kinder

19/155

PETER
SCHOLL-LATOUR
Der Ritt auf
dem Drachen
Indochina –
von der
französischen
Kolonialzeit
bis heute
Erstmals im Taschenbuch

19/98

KARLHEINZ DESCHNER
DAS KREUZ
MIT DER
KIRCHE
EINE SEXUALGESCHICHTE
DES CHRISTENTUMS
12. erweiterte und aktualisierte Neuausgabe

19/16

EUGEN
KOGON
DER
SS-STAAT
DAS SYSTEM
DER DEUTSCHEN
KONZENTRATIONS-
LAGER

19/9

Robert Jungk
Norbert R. Müllert
Zukunfts
werk
stätten
Mit Phantasie
gegen Routine und
Resignation

19/73

Wilhelm Heyne Verlag München